스티븐 울프럼의
챗GPT 강의

스티븐 울프럼의 챗GPT 강의

세상을 바꾼 챗GPT의 작동 원리부터 울프럼 알파 활용법까지

초판 1쇄 발행 2023년 10월 27일
초판 2쇄 발행 2023년 12월 15일

지은이 스티븐 울프럼 / **옮긴이** 박해선 / **펴낸이** 전태호
펴낸곳 한빛미디어(주) / **주소** 서울시 서대문구 연희로2길 62 한빛미디어(주) IT출판2부
전화 02-325-5544 / **팩스** 02-336-7124
등록 1999년 6월 24일 제25100-2017-000058호 / **ISBN** 979-11-6921-152-9 93000

총괄 송경석 / **책임편집** 서현 / **기획 · 편집** 정지수
디자인 최연희 / **전산편집** 이경숙
영업 김형진, 장경환, 조유미 / **마케팅** 박상용, 한종진, 이행은, 김선아, 고광일, 성화정, 김한솔 / **제작** 박성우, 김정우

이 책에 대한 의견이나 오탈자 및 잘못된 내용에 대한 수정 정보는 한빛미디어(주)의 홈페이지나 아래 이메일로
알려주십시오. 잘못된 책은 구입하신 서점에서 교환해 드립니다. 책값은 뒤표지에 표시되어 있습니다.

한빛미디어 홈페이지 www.hanbit.co.kr / 이메일 ask@hanbit.co.kr

지금 하지 않으면 할 수 없는 일이 있습니다.
책으로 펴내고 싶은 아이디어나 원고를 메일(writer@hanbit.co.kr)로 보내주세요.
한빛미디어(주)는 여러분의 소중한 경험과 지식을 기다리고 있습니다.

스티븐 울프럼의

오픈AI CEO
샘 올트먼
추천 도서

챗GPT 강의

세상을 바꾼 챗GPT의 작동 원리부터
울프럼 알파 활용법까지

스티븐 울프럼 지음, 박해선 옮김

HB 한빛미디어
Hanbit Media, Inc.

지은이 스티븐 울프럼(Stephen Wolfram)

저명한 과학자이자 베스트셀러 작가이며 매스매티카 Mathematica, 울프럼 알파 WolframAlpha, 울프럼 언어 Wolfram Language 등 세계에서 가장 인정받는 소프트웨어 시스템을 만들었습니다. 35년 이상 글로벌 기술 회사 울프럼 리서치 Wolfram Research의 CEO로 재직하면서 울프럼 물리 프로젝트 Wolfram Physics Project 등 기초 과학 분야의 혁신을 이끌고 있습니다.

옮긴이 소개

옮긴이 박해선(haesun.park@tensorflow.blog)

기계공학을 전공했지만 졸업 후엔 줄곧 코드를 읽고 쓰는 일을 했습니다. 텐서플로우 블로그(tensorflow.blog)를 운영하고 있고, 머신러닝과 딥러닝에 관한 책을 집필하고 번역하면서 소프트웨어와 과학의 경계를 흥미롭게 탐험하고 있습니다.

『인공지능 전문가가 알려 주는 챗GPT로 대화하는 기술』(한빛미디어, 2023), 『혼자 공부하는 데이터 분석 with 파이썬』(한빛미디어, 2023), 『혼자 공부하는 머신러닝+딥러닝』(한빛미디어, 2020), 『Do it! 딥러닝 입문』(이지스퍼블리싱, 2019)을 집필했습니다.

『머신 러닝 교과서: 파이토치 편』(길벗, 2023), 『핸즈온 머신러닝(3판)』(한빛미디어, 2023), 『만들면서 배우는 생성 AI』(한빛미디어, 2023), 『코딩 뇌를 깨우는 파이썬』(한빛미디어, 2023), 『트랜스포머를 활용한 자연어 처리』(한빛미디어, 2022), 『케라스 창시자에게 배우는 딥러닝 2판』(길벗, 2022), 『개발자를 위한 머신러닝&딥러닝』(한빛미디어, 2022), 『XGBoost와 사이킷런을 활용한 그레이디언트 부스팅』(한빛미디어, 2022), 『구글 브레인 팀에게 배우는 딥러닝 with TensorFlow.js』(길벗, 2022), 『파이썬 라이브러리를 활용한 머신러닝(번역개정2판)』(한빛미디어, 2022), 『머신러닝 파워드 애플리케이션』(한빛미디어, 2021), 『파이토치로 배우는 자연어 처리』(한빛미디어, 2021), 『머신 러닝 교과서 with 파이썬, 사이킷런, 텐서플로(개정3판)』(길벗, 2021)를 포함하여 여러 권의 책을 우리말로 옮겼습니다.

대규모 언어 모델의 성공은 사람들의 상상력을 크게 자극했습니다. 챗GPT로부터 시작된 언어 모델의 캄브리아기 대폭발은 엄청나게 많은 모델을 탄생시켰을 뿐만 아니라 이런 모델을 활용한 무수히 많은 애플리케이션을 만들었습니다. 매일매일 새로운 애플리케이션과 서비스가 등장하는 걸 보면 정말로 부족한 건 상상력뿐인 것 같습니다.

우리와 동시대를 함께 살고 있는 석학으로부터 챗GPT가 어떻게 작동하는지, 앞으로 어떤 미래를 그릴 수 있는지 들을 수 있다면 얼마나 좋을까요. 이 책이 바로 그런 내용을 담고 있습니다. 스티븐 울프럼 박사의 신나고 명쾌한 설명을 듣고 있으면 답답했던 궁금증이 풀리고 무언가 더 파헤쳐 보고 싶은 욕심이 생깁니다. 여러분의 상상력을 최대한 자극하기 위해 챗GPT로 떠나는 신나는 여행이 될 겁니다. 안전벨트를 꼭 매세요!

이번에도 좋은 책을 맡겨 주신 한빛미디어와 매끈하게 글을 다듬어 주신 정지수 편집자님에게 감사드립니다. 언제나 격려해주시는 니트머스 김용재 대표님과 좋은 책을 만들 수 있도록 집필 공간을 제공해주신 마포중앙도서관 교육 센터 팀에 깊이 감사드립니다. 언제나 명랑한 우리 가족 주연이와 진우에게도 고맙고 사랑한다는 말을 전합니다.

이 책의 정오표는 블로그(https://tensorflow.blog/wolfram-chatgpt)에 등록해 놓겠습니다. 책을 보기 전에 꼭 확인해주세요. 이 책에 관한 이야기라면 무엇이든 환영합니다. 언제든지 블로그나 이메일로 알려주세요.

박해선, 2023년 9월

이 책은 챗GPT가 어떻게 그리고 왜 작동하는지를 원론적인 수준에서 설명합니다. 어떤 면에서는 기술에 대한 이야기이지만, 과학에 대한 이야기이기도 합니다. 또 철학에 관한 이야기이기도 하죠. 이 거대한 이야기를 시작하기 위해서는 수 세기에 걸쳐 이루어진 놀라운 아이디어와 발견을 한데 모아야 합니다.

오랫동안 관심을 가져온 것들이 한데 모여 갑작스럽게 발전하는 과정을 보는 것은 매우 흥미롭습니다. 단순한 프로그램의 복잡한 동작부터 언어와 의미의 핵심 특성, 대규모 컴퓨터 시스템의 실용성까지, 이 모든 것이 챗GPT 이야기의 일부입니다.

챗GPT는 1940년대에 두뇌의 작동을 이상화하기 위해 발명된 신경망 개념을 기반으로 합니다. 저도 1983년에 처음으로 신경망을 프로그래밍했지만, 그다지 흥미로운 지점은 없었습니다. 하지만 40년이 지난 지금, 컴퓨터의 속도가 백만 배나 빨라지고 웹에서 수십억 페이지의 텍스트를 처리할 수 있게 되었으며, 일련의 엔지니어링 혁신이 이루어진 후 상황은 완전히 달라졌습니다. 놀랍게도 1983년에 제가 가지고 있던 신경망보다 십억 배나 더 큰 신경망이 인간만이 할 수 있다고 생각했던 일, 즉 '의미 있는 인간 언어'를 생성할 수 있게 되었습니다.

이 책은 챗GPT가 출시된 직후 제가 쓴 두 개의 블로그 글로 구성됩니다.[1] 첫 번째 글을 담은 1장에서는 챗GPT에 대한 설명과 언어를 생성하는 매우 지능

---

[1] 옮긴이_ 번역서에서는 부록으로 울프럼의 블로그 글 하나를 더 추가했습니다.

적인 일을 하는 챗GPT의 능력을 설명합니다. 두 번째 글을 담은 2장에서는 챗GPT가 울프럼 알파 시스템의 계산 지식 초능력을 활용해 인간이 할 수 있는 일을 뛰어넘는 방법을 설명합니다.[2]

챗GPT가 출시된 지 3개월밖에 되지 않았으며, 이제 막 그 실용적, 지적 의미를 이해하기 시작했습니다. 하지만 지금 시점에서 새로운 시스템의 출시가 시사하는 바는 많은 것이 이미 발명되고 발견된 상황에서도 우리가 놀랄 만한 일이 여전히 일어날 수 있다는 점입니다.

스티븐 울프럼, 2023년 2월

---

2   옮긴이_ 부록에서는 울프럼 알파를 챗GPT 플러그인으로 활용하는 법을 설명합니다.

감사의 말

약 43년 동안 신경망의 발전을 지켜보면서 많은 이들과 신경망에 대해 교류해 왔습니다. 오래전에 만난 사람도 있고, 최근에 만난 사람도 있으며, 여러 해에 걸쳐 만난 사람도 있습니다. 그중 줄리오 알레산드리니Giulio Alessandrini, 다리오 아모데이Dario Amodei, 에티엔 버나드Etienne Bernard, 탈리에신 베이논Taliesin Beynon, 서배스천 보덴슈타인Sebastian Bodenstein, 그레그 브록먼Greg Brockman, 잭 카원Jack Cowan, 페드로 도밍구스Pedro Domingos, 제시 갈레프Jesse Galef, 로저 저먼슨Roger Germundsson, 로버트 헥트 닐슨Robert Hecht-Nielsen, 제프 힌턴Geoff Hinton, 존 홉필드John Hopfield, 얀 르쿤Yann LeCun, 제리 레트빈Jerry Lettvin, 제롬 루아두르Jerome Louradour, 마빈 민스키Marvin Minsky, 에릭 미올스네스Eric Mjolsness, 케이든 피어스Cayden Pierce, 토마소 포지오Tomaso Poggio, 마테오 살바레자Matteo Salvarezza, 테리 세이노스키Terry Sejnowski, 올리버 셀프리지Oliver Selfridge, 고든 쇼Gordon Shaw, 요나스 셰베리Jonas Sjöberg, 일리야 수츠케버Ilya Sutskever, 게리 테사우로Gerry Tesauro, 티머시 베르디에Timothee Verdier에게 감사합니다. 특히 이 책을 집필하는 데 많은 도움을 준 줄리오 알렉산드리니와 브래드 클레Brad Klee에게 특별한 감사의 인사를 전합니다.

목차

1장 | 챗GPT가 하는 일은 무엇일까요? 그리고 어떻게 가능한 걸까요?

목차

1장 챗GPT가 하는 일은 무엇일까요? 그리고 어떻게 가능한 걸까요?

1.1 한 번에 한 단어씩 추가하는 것뿐입니다

챗GPT[ChatGPT][1]가 사람이 쓴 듯한 글을 자동으로 생성하는 일은 놀랍고 예상치 못한 일입니다. 챗GPT는 어떻게 이 일을 해내는 걸까요? 잘 작동하는 이유는 뭘까요? 이번 장의 목적은 챗GPT 내부에서 어떤 일이 벌어지고 있는지 대략적인 윤곽을 제시한 다음, 의미 있는 텍스트를 왜 그렇게 잘 생성하는지 살펴보는 것입니다. 먼저 큰 그림에 초점을 맞추겠습니다. 몇 가지 기술적인 세부 사항을 언급하겠지만 깊이 들어가지는 않겠습니다. 여기서 소개할 핵심 내용은 챗GPT뿐만 아니라 현재의 다른 대규모 언어 모델[large language model](LLM)에도 똑같이 적용됩니다.

기본적으로 챗GPT가 늘 하는 일은 지금까지의 **텍스트를 합리적으로 이어 쓰는** **것**입니다. 여기서 '합리적'이란 '사람이 작성한 수십억 개의 웹 페이지를 읽은 누군가가 쓴 글처럼 보이는 것'을 의미합니다.

예를 들어 'The best thing about AI is its ability to'[2]라는 텍스트가 있다고 가정해봅시다. 가령 웹과 전자책에서 수십억 페이지에 달하는 문장을 검색한 다음, 앞의 텍스트가 등장하는 모든 경우를 찾아서 다음에 어떤 단어가 나올지 순식간에 알아낸다고 상상해보세요. 챗GPT는 이런 작업을 효과적으로 수행

---

1   https://chat.openai.com
2   옮긴이_ 이 문장을 해석하면 'AI의 가장 뛰어난 능력은'입니다.

합니다. 나중에 설명하겠지만 문자 그대로 동일한 텍스트를 찾는 것이 아니라 **의미상 일치하는 것**을 찾습니다. 하지만 한 개의 단어가 아니라 다음 단어가 될 후보와 **확률**probability 목록을 최종 결과로 생성합니다.

The best thing about AI is its ability to	learn	4.5%
	predict	3.5%
	make	3.2%
	understand	3.1%
	do	2.9%

놀라운 점은 챗GPT가 글을 생성할 때 근본적으로 '지금까지의 텍스트를 감안하면 다음 단어는 무엇인가요?'라고 반복해서 질문하고 매번 텍스트 끝에 한 단어씩 추가한다는 것입니다.

> 📑 **NOTE**　나중에 설명하겠지만 더 정확하게 말하면 토큰token을 추가합니다. 단어는 한 개 이상의 토큰으로 구성되기 때문에 이따금 새로운 단어가 만들어질 수 있습니다.

매번 반복할 때마다 확률이 적힌 단어 목록을 얻습니다. 그렇다면 작성 중인 에세이(또는 다른 종류의 글)에 추가할 단어로 어떤 단어를 선택해야 할까요? 가장 높은 순위의 단어, 즉 확률이 가장 높은 단어를 선택해야 한다고 생각할 수 있습니다. 하지만 여기서부터 약간의 마법이 필요합니다. 왜냐하면 어떤 이유에서인지(언젠가는 과학적으로 이해할 수 있을지도 모르겠지만) 항상 가장 높은 순위의 단어를 선택하면 대부분 창의적이지 않고, 심지어 같은 단어가 반복되는 매우 밋밋한 글이 되기 때문입니다.[3] 하지만 이따금 무작위로 낮은 순위의 단어를 선택하면 더 흥미로운 글이 됩니다.

여기에 무작위성이 있다는 사실은 동일한 프롬프트[prompt4]를 여러 번 사용해도 매번 다른 글이 나올 가능성이 높다는 뜻입니다. 또한 마법의 힘을 조절하기 위해 낮은 순위의 단어가 얼마나 자주 사용되는지를 결정하는 소위 **온도**[tempera-ture] 파라미터(매개변수)[parameter]가 있습니다.[5] 에세이를 생성할 때의 온도는 0.8이 가장 좋습니다.[6]

> 📑 NOTE   이 수치는 이론을 바탕으로 얻은 것이 아니라 실전에서 잘 작동하는 값을 찾은 것이라는 점을 유념하세요. 예를 들어 통계물리학에 자주 등장하는 지수분포를 사용하기 때문에 온도라는 개념을 사용하지만[7] 적어도 우리가 아는 한 물리적인 연관성은 없습니다.

설명을 이어나가기 전에 언급할 것이 있습니다. 이 책에서는 완전한 챗GPT 시스템[8]을 사용하지 않고 표준 데스크톱 컴퓨터에서 실행할 수 있을 정도로 간단한 GPT-2 시스템을 사용합니다. 따라서 이 책에 나오는 예시는 울프럼

---

3   옮긴이_ 하나씩 생성한 단어를 입력 문장 뒤에 추가해 다시 입력에 사용하는 모델을 자기회귀 모델(autoregressive model)이라 부릅니다. 이런 모델은 이전에 생성한 문장을 사용해 새로운 단어를 예측하기 때문에 이전 단어를 반복해 생성하는 경향이 있습니다.

4   옮긴이_ 프롬프트는 챗GPT와 같은 LLM으로부터 원하는 대답을 얻기 위해 입력하는 텍스트를 말합니다.

5   옮긴이_ 기본적으로 모델은 확률 크기에 비례하여 무작위로 단어를 선택합니다. 온도 파라미터는 단어의 확률을 조정하여 차이를 완화시키므로 온도를 높이면 낮은 확률의 단어가 선택될 가능성이 높아집니다.

6   옮긴이_ 이 값은 챗GPT의 경우에 해당하며 LLM 모델의 종류나 사용자의 주관적인 판단에 따라 다를 수 있습니다.

7   옮긴이_ 열역학에서 온도가 높으면 엔트로피(entropy), 즉 무질서도가 증가합니다. 이와 비슷하게 온도 파라미터를 높이면 단어 선택의 무작위성이 높아집니다.

8   https://openai.com/blog/chatgpt

언어 Wolfram language[9]로 작성된 코드를 실행해 얻은 것입니다.

예를 들어 앞선 문장의 단어와 확률 목록을 구하는 방법은 다음과 같습니다. 먼저, 언어 모델을 준비합니다.

```
In[ ]:= model =
       NetModel [ { "GPT2 Transformer Trained on WebText Data",
                   "Task" → "LanguageModeling" } ]

Out[ ]= NetChain [ ⊞ ▐▌▐▌  Input port:   string
                            Output port:  class          ]
```

나중에 신경망의 내부를 살펴보고 작동 방식을 설명하겠습니다. 지금은 신경 망 모델을 블랙박스[10]로 보고 예제 텍스트를 입력합니다. 그다음 모델이 출력 한 확률이 높은 상위 5개 단어를 확인해보겠습니다.

```
In[ ]:= model [ "The best thing about AI is its ability to", { "TopProbabilities", 5 } ]

Out[ ]= { do → 0.0288508, understand → 0.0307805,
          make → 0.0319072, predict → 0.0349748, learn → 0.0445305 }
```

다음 코드로 결과를 특정 형식의 데이터셋 dataset 으로 만들 수 있습니다.

---

9   https://www.wolfram.com/language 옮긴이_ 울프럼 언어는 저자 스티븐 울프럼이 만든 수학과 과
    학 계산에 특화된 고급 프로그래밍 언어입니다. 울프럼 리서치에서 만든 지식 검색 엔진인 울프럼 알파
    (https://www.wolframalpha.com)가 울프럼 언어를 기반으로 구축되었습니다. 챗GPT는 울프럼 언어
    로 된 코드를 생성할 수 있으며, 챗GPT 플러스 사용자는 울프럼 플러그인을 선택해 자연어로 수학과 과
    학에 관한 계산 작업을 요청할 수 있습니다. 울프럼 언어에 대한 한글 자료는 다음 주소를 참고하세요.
    https://www.wolfram.com/language/fast-introduction-for-programmers/ko

10 옮긴이_ 기능은 알고 있지만, 작동 원리를 이해할 수 없는 기계 장치나 시스템을 블랙박스(blackbox)라고
    합니다.

```
In[ ]:= Dataset[ReverseSort[Association[%]],
        ItemDisplayFunction → (PercentForm[#, 2] &)]
```

learn	4.5%
predict	3.5%
make	3.2%
understand	3.1%
do	2.9%

Out[ ]=

다음 코드처럼 모델의 "Decision"에 표시된 가장 높은 확률을 가진 단어를 추가하는 식으로 모델을 반복해서 적용하면 다음과 같은 결과를 얻게 됩니다.

```
In[ ]:= NestList[StringJoin[#, model[#, "Decision"]] &,
        "The best thing about AI is its ability to", 7]
Out[ ]= {The best thing about AI is its ability to,
        The best thing about AI is its ability to learn,
        The best thing about AI is its ability to learn from,
        The best thing about AI is its ability to learn from experience,
        The best thing about AI is its ability to learn from experience.,
        The best thing about AI is its ability to learn from experience. It,
        The best thing about AI is its ability to learn from experience. It's,
        The best thing about AI is its ability to learn from experience. It's not}
```

더 오래 반복하면 어떻게 될까요? 온도 파라미터가 0인 이번 경우에는 금세 혼란스럽고 반복적인 텍스트가 생성됩니다.

The best thing about AI is its ability to learn from experience. It's not just a matter of learning from experience, it's learning from the world around you. The AI is a very good example of this. It's a very good example of how to use AI to improve your life. It's a very good example of how to use AI to improve your life. The AI is a very good example of how to use AI to improve your life. It's a very good example of how to use AI to

하지만 확률이 높은 단어를 선택하지 않고 이따금 무작위로 다른 단어를 선택하면 어떨까요? 이번에는 온도를 0.8로 지정했습니다. 텍스트를 다시 생성하면 다음과 같은 결과가 나옵니다.

> { The best thing about AI is its ability to,
> The best thing about AI is its ability to create,
> The best thing about AI is its ability to create worlds,
> The best thing about AI is its ability to create worlds that,
> The best thing about AI is its ability to create worlds that are,
> The best thing about AI is its ability to create worlds that are both,
> The best thing about AI is its ability to create worlds that are both exciting,
> The best thing about AI is its ability to create worlds that are both exciting, }

그리고 무작위로 다른 단어를 선택하기 때문에 다음 다섯 개의 예시 문장처럼 매번 결과가 달라집니다.

> The best thing about AI is its ability to learn. I've always liked the
> The best thing about AI is its ability to really come into your world and just
> The best thing about AI is its ability to examine human behavior and the way it
> The best thing about AI is its ability to do a great job of teaching us
> The best thing about AI is its ability to create real tasks, but you can

온도가 0.8일 때 첫 번째 단계에서 선택할 수 있는 다음 단어는 많지만, 그 확률은 매우 빠르게 감소합니다. 다음 로그–로그$^{log-log}$ 그래프에 등장한 직선 형태는 언어 통계의 일반적 특징인 n^{-1} 멱법칙$^{power law}$ 감소[11]를 보여줍니다.

---

11 옮긴이_ 텍스트 데이터에 있는 단어들을 사용 빈도순으로 나열했을 때 단어의 빈도와 순위가 반비례한다는 지프의 법칙(Zipf's law)을 말합니다.

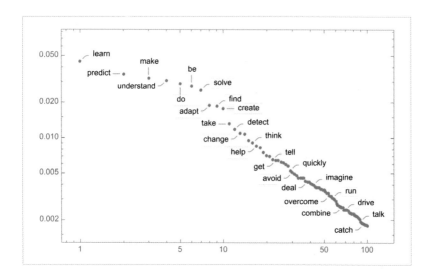

그렇다면 이 온도에서 더 오래 반복하면 어떻게 될까요? 다음 예시를 살펴보죠. 온도가 0인 경우보다는 낮지만 여전히 약간 이상합니다.

The best thing about AI is its ability to see through, and make sense of, the world around us, rather than panicking and ignoring. This is known as AI "doing its job" or AI "run-of-the-mill." Indeed, taking an infinite number of steps, developing a machine that can be integrated with other systems, or controlling one system that's truly a machine, is one of the most fundamental processes of AI. Aside from the human-machine interaction, AI was also a big part of creativity

여기서는 2019년에 출시된 가장 간단한 GPT-2[12] 모델을 사용했습니다. 새로 나온 더 큰 GPT-3 모델[13]을 사용하면 더 좋은 결과를 얻을 수 있습니다. 다음 은 GPT-3 모델에 동일한 프롬프트와 온도 0을 적용해 생성한 텍스트입니다.

12   옮긴이_ 가장 작은 GPT-2의 모델 파라미터 개수는 1억 1,700만 개입니다.
13   https://platform.openai.com/docs/model-index-for-researchers

The best thing about AI is its ability to automate processes and make decisions quickly and accurately. AI can be used to automate mundane tasks, such as data entry, and can also be used to make complex decisions, such as predicting customer behavior or analyzing large datasets. AI can also be used to improve customer service, as it can quickly and accurately respond to customer inquiries. AI can also be used to improve the accuracy of medical diagnoses and to automate the process of drug discovery.

다음은 온도 0.8을 사용해 만든 텍스트입니다.

The best thing about AI is its ability to learn and develop over time, allowing it to continually improve its performance and be more efficient at tasks. AI can also be used to automate mundane tasks, allowing humans to focus on more important tasks. AI can also be used to make decisions and provide insights that would otherwise be impossible for humans to figure out.

1.2 확률은 어떻게 계산하나요?

챗GPT는 항상 확률에 따라 다음 단어를 선택합니다. 하지만 확률은 어떻게 계산할까요? 간단한 문제로 시작해보죠. 한 번에 (한 단어가 아니라) 한 문자씩 영어 텍스트를 생성한다고 가정해봅시다. 각 문자에 대한 확률을 어떻게 계산할 수 있을까요?

가장 간단한 방법은 영어 텍스트 샘플^{sample}을 가져와서 그 안에 각 문자가 얼마나 자주 등장하는지 계산하는 것입니다. 예를 들어 위키피디아의 'cats' 문서에 등장하는 문자를 다음과 같이 헤아려봅시다.

```
In[ ]:= LetterCounts[WikipediaData["cats"]]
```

```
Out[ ]= ⟨| e → 4279, a → 3442, t → 3397, i → 2739, s → 2615, n → 2464, o → 2426,
        r → 2147, h → 1613, l → 1552, c → 1405, d → 1331, m → 989, u → 916,
        f → 760, g → 745, p → 651, y → 591, b → 511, w → 509, v → 395, k → 212,
        T → 114, x → 85, A → 81, C → 81, I → 68, S → 55, F → 42, z → 38, E → 36
```

그리고 'dogs' 문서에서도 계산해보죠.

```
In[ ]:= LetterCounts[WikipediaData["dogs"]]
```

```
Out[ ]= ⟨| e → 3911, a → 2741, o → 2608, i → 2562, t → 2528, s → 2406,
        n → 2340, r → 1866, d → 1584, h → 1463, l → 1355, c → 1083, g → 929,
        m → 859, u → 782, f → 662, p → 636, y → 500, b → 462, w → 409,
        v → 406, k → 151, T → 90, C → 85, I → 80, A → 74, x → 71, S → 65,
```

결과는 비슷하지만 동일하지는 않습니다. 'dogs' 문서에 'dog'가 많이 등장하므로 당연히 'cat' 문서보다 'o'의 개수가 더 많습니다. 영어로 된 텍스트 샘플을 충분히 많이 확보하면 적어도 상당히 일관된 결과를 기대할 수 있습니다.

```
In[ ]:= [ English LANGUAGE ][ character frequencies ]
```

```
Out[ ]= {e → 12.7%, t → 9.06%, a → 8.17%, o → 7.51%, i → 6.97%, n → 6.75%,
        s → 6.33%, h → 6.09%, r → 5.99%, d → 4.25%, l → 4.03%, c → 2.78%, u → 2.76%,
        m → 2.41%, w → 2.36%, f → 2.23%, g → 2.02%, y → 1.97%, p → 1.93%, b → 1.49%,
        v → 0.978%, k → 0.772%, j → 0.153%, x → 0.150%, q → 0.0950%, z → 0.0740%}
```

다음은 이러한 확률로 문자의 시퀀스^sequence를 생성하면 얻을 수 있는 결과입니다. 문장에 쉴 틈이 없네요.

```
rronoitadatcaeaesaotdoysaroiyiinnbantoioestlhddeocneooewceseciselnodrtrdgriscsatsepesdcnio
uhoetsedeyhedslernevstothindtbmnaohngotannbthrdthtonsipieldn
```

공백을 일정한 확률이 있는 문자처럼 취급하면 긴 시퀀스를 **단어**로 나눌 수 있습니다.

> sd n oeiaim satnwhoo eer rtr ofiianordrenapwokom del oaas ill e h f
> rellptohltvoettseodtrncilntehtotrkthrslo hdaol n sriaefr hthehtn ld gpod a h y oi

단어 길이를 영단어 길이 분포와 맞추면 조금 더 단어처럼 보이도록 만들 수 있습니다.

> ni hilwhuei kjtn isjd erogofnr n rwhwfao rcuw lis fahte uss cpnc
> nlu oe nusaetat llfo oeme rrhrtn xdses ohm oa tne ebedcon oarvthv ist

앞에서 실제 단어를 얻지는 못했지만 결과는 약간 나아졌습니다. 하지만 더 개선하려면 각 문자를 무작위로 선택하는 것 이상의 작업이 필요합니다. 예를 들어 'q'가 있다면 다음 문자는 기본적으로 'u'여야 합니다.[14]

다음은 각 문자에 대한 확률을 나타내는 그래프입니다.

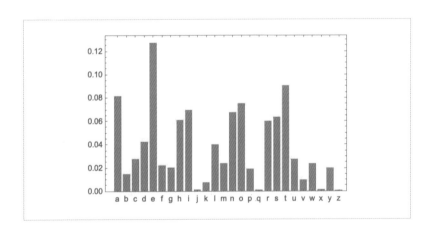

---

14 옮긴이_ 영어 단어에서 q로 시작하지만 다음에 u가 나오지 않는 단어는 키보드의 한 종류를 나타내는 qwerty(쿼티)뿐입니다.

다음은 일반적인 영어 텍스트에 있는 한 쌍의 문자(2-그램[15])의 확률을 보여주는 그래프입니다. 첫 번째로 올 수 있는 문자는 가로축에, 두 번째 문자는 세로축에 나타나 있습니다.

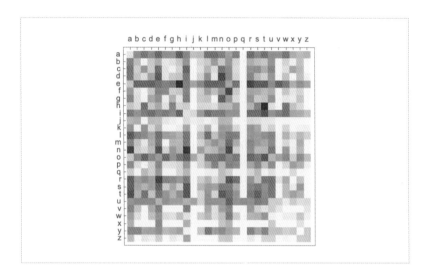

예를 들어 'q' 열을 살펴보면 'u' 행을 제외한 나머지 행은 비어 있습니다(확률: 0). 이제 한 번에 한 문자씩 단어를 생성하는 대신, 2-그램 확률을 사용해 한 번에 두 문자씩 단어를 생성해보겠습니다. 다음은 이 원칙을 적용해 만든 샘플입니다. 실제로 있는 단어가 조금 보이네요!

on inguman men ise forerenoft weat iofobato buc ous corew ousesetiv
falle tinouco ryefo ra the ecederi pasuthrgr cuconom tra tesla wil tat pere thi

영어 텍스트가 충분히 많으면 단일 문자나 문자 쌍(2-그램)의 확률뿐만 아니라 더 긴 문자에 대해서도 꽤 좋은 추정치를 얻을 수 있습니다. 그리고 다음과

---

15 옮긴이_ n-그램(n-gram)은 텍스트에 등장하는 연속된 n개의 단어나 문자의 조합을 말합니다.

같이 점점 더 긴 n-그램 확률로 무작위 단어를 생성하면 점점 더 현실적인 텍스트를 생성할 수 있습니다.

n-그램	생성된 텍스트
0	on gxeeetowmt tsifhy ah aufnsoc ior oia itlt bnc tu ih uls
1	ri io os ot timumumoi gymyestit ate bshe abol viowr wotybeat mecho
2	wore hi usinallistin hia ale warou pothe of premetra bect upo pr
3	qual musin was witherins wil por vie surgedygua was suchinguary outheydays theresist
4	stud made yello adenced through theirs from cent intous wherefo proteined screa
5	special average vocab consumer market prepara injury trade consa usually speci utility

하지만 이제 문자가 아니라 챗GPT처럼 단어를 다루고 있다고 가정해봅시다. 영어에서 일반적으로 사용하는 단어는 약 4만 개입니다. 대규모 영어 텍스트 말뭉치corpus[16](예: 총 수천억 개의 단어가 들어 있는 수백만 권의 책)를 살펴보면 각 단어가 얼마나 자주 사용되는지 추정할 수 있습니다. 이를 사용해 문장을 생성할 수 있습니다. 즉, 각 단어가 말뭉치에 나타날 확률과 동일한 확률로 독립적이고 무작위로 다음 단어를 선택합니다. 이렇게 얻은 샘플은 다음과 같습니다.

> of program excessive been by was research rate not here of of other is men
> were against are show they the different the half the the in any were leaved

당연히 이 문장은 말이 되지 않습니다. 그렇다면 어떻게 해야 문장을 더 잘 만들 수 있을까요? 문자와 마찬가지로 단일 단어에 대한 확률뿐만 아니라 단어 쌍 또는 n-그램 이상의 단어에 대한 확률도 고려할 수 있습니다. 단어 쌍을 사용해 'cat'이라는 단어로 시작하는 다섯 가지 예를 만들면 다음과 같습니다.

---

16   옮긴이_ 말뭉치는 자연어 연구를 위해 모은 텍스트 데이터를 말합니다.

> cat through shipping variety is made the aid emergency can the
>
> cat for the book flip was generally decided to design of
>
> cat at safety to contain the vicinity coupled between electric public
>
> cat throughout in a confirmation procedure and two were difficult music
>
> cat on the theory an already from a representation before a

점점 더 합리적으로 보이는 글이 만들어집니다. 충분히 긴 n-그램을 사용한다면 챗GPT 같은 것을 구현할 수 있을 것 같네요. 완벽한 에세이의 단어 확률을 사용하면 에세이 길이의 단어 시퀀스를 생성할 수 있습니다. 하지만 문제는 이러한 확률을 추론할 수 있을 정도로 충분한 영어 텍스트가 없다는 점입니다.

웹을 크롤링crawling[17]하면 수천억 개의 단어를 모을 수 있고, 디지털화된 책에는 또 다른 수천억 개의 단어가 있습니다. 하지만 자주 사용하는 4만 개의 단어만 있어도 가능한 2-그램의 수는 이미 16억 개이고 3-그램의 수는 60조 개에 이릅니다.[18] 따라서 현재 존재하는 텍스트에서 이 모든 단어의 확률을 추정할 수 있는 방법은 없습니다. 단어 20개로 이루어진 글을 생성하려면 우주의 입자 수보다 더 많은 가능성이 존재하므로 이를 모두 기록할 수 없습니다.[19]

그렇다면 어떻게 해야 할까요? 가장 좋은 아이디어는 텍스트 말뭉치에서 이러한 시퀀스를 명시적으로 본 적이 없더라도 어떤 시퀀스가 발생할 확률을 추정하는 모델을 만드는 것입니다. 챗GPT가 바로 이러한 확률을 잘 추정하기

---

17 https://commoncrawl.org

18 옮긴이_ n개의 원소에서 중복을 허용하여 r개를 뽑아 순서를 고려하여 나열하는 방법(중복순열)은 n^r개 입니다. 따라서 4만 개의 단어로 만들 수 있는 2-그램의 단어 개수는 $40,000^2 = 16$억 개이고, 3-그램의 단어 개수는 $40,000^3 = 64$조 개입니다.

19 옮긴이_ 4만 개의 단어로 만들 수 있는 20-그램의 수는 $40,000^{20}$로 약 10^{92}개입니다. 우주에 있는 원자의 수는 약 10^{80}개로 알려져 있습니다.

위해 구축된 대규모 언어 모델^{large language model}(LLM)입니다.

1.3 모델

16세기 후반 갈릴레오 갈릴레이의 낙하 실험처럼 피사의 사탑 각 층에서 떨어뜨린 대포알이 지면에 닿는 데 걸리는 시간을 알고 싶다고 가정해보겠습니다. 각 경우를 측정한 결과를 표로 만들 수도 있지만 과학 이론의 본질을 따를 수도 있습니다. 즉, 직접 실험해 결과를 기록하는 대신 정답 계산을 위한 일종의 절차를 제공하는 모델^{model}을 만들 수 있습니다.

대포알이 여러 층에서 떨어지는 데 걸리는 시간에 대한 (다소 이상적인) 데이터가 있다고 가정해보겠습니다.

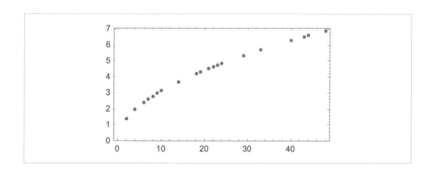

그렇다면 측정 데이터가 없는 층에서 대포알이 떨어지는 데 걸리는 시간은 어떻게 알아낼 수 있을까요? 이 경우에는 잘 알려진 물리 법칙을 사용해 문제를 해결할 수 있습니다. 하지만 데이터만 있고 데이터를 지배하는 기본 법칙은 모른다고 가정해보겠습니다. 이 경우에는 수학적 추측을 해볼 수 있습니다. 예를 들면 다음과 같이 직선을 하나의 모델로 사용합니다.

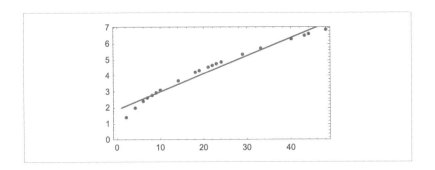

다른 직선을 선택할 수도 있지만 여기서 선택한 직선이 주어진 데이터에 평균적으로 가장 가까운 직선입니다. 이 직선을 사용하면 대포알이 특정 층에서 떨어지는 데 걸리는 시간을 예상할 수 있습니다.

여기서 직선을 사용해야 한다는 것을 어떻게 알았을까요? 이런 선택을 해야 할 타당한 근거가 없습니다. 다만 직선은 수학적으로 단순하고, 여러 측정 데이터에 직선이 잘 맞는다는 사실이 익숙하기 때문에 이런 선택을 했을 것입니다. 만약 예시에서 더 복잡한 수학(예: $a + bx + cx^2$)을 적용하면 더 나은 결과를 얻을 수 있습니다.

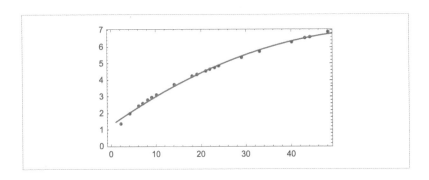

하지만 더 나빠질 수도 있습니다. $a + b/x + c\sin(x)$를 사용한 최적의 모델은 다음과 같습니다.

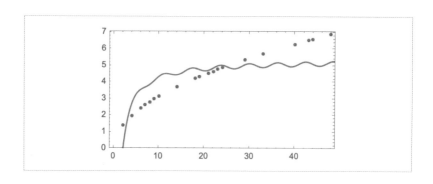

중요한 점은 수정할 수 없는 모델은 없다는 사실입니다. 사용하는 모든 모델에는 특정한 기본 구조, 다시 말해 데이터에 맞게 조정할 수 있는 다이얼(즉, 설정할 수 있는 파라미터)이 있습니다. 챗GPT의 경우, 실제로 1,750억 개에 달하는 많은 다이얼이 있습니다.

하지만 놀랍게도 그 정도의 파라미터 개수를 가진 챗GPT 구조만으로도 다음 단어의 확률을 충분히 잘 계산하는 모델을 만들어 에세이 길이의 합리적인 텍스트를 생성할 수 있습니다.

1.3.1 지능적인 작업을 위한 모델

앞선 예시는 수치 데이터에 대해 간단한 물리학에서 유도한 모델링으로, 수 세기 동안 간단한 수학이 적용된다고 알려져 있습니다. 하지만 챗GPT는 사람의 뇌에서 생성되는 것 같은 자연어 텍스트 모델을 만들어야 합니다. 적어도 아직까지는 이를 위한 '간단한 수학' 같은 것은 존재하지 않습니다. 그렇다면 어떤 모델이 가능할까요?

언어에 대해 이야기하기 전에 또 다른 지능적인 작업인 이미지 인식에 대해 이야기해보겠습니다. 간단한 예로 숫자 이미지를 생각해보죠(이는 머신러닝ᵐᵃ⁻

chine learning[20]의 고전적인 예제입니다).

숫자에 대한 샘플 이미지를 여러 개 준비합니다.

그런 다음 입력 이미지가 특정 숫자와 일치하는지 확인하려면 준비된 샘플과 입력 이미지를 픽셀 단위로 비교합니다. 하지만 사람이 이보다 더 잘할 수 있습니다. 사람은 온갖 종류의 변형과 왜곡이 있는, 손으로 쓴 숫자도 훌륭하게 인식하기 때문입니다.

$$\{1,5,2,1,3,4,3,0,5,7,4,2,0,8,8,$$
$$7,4,5,0,9,8,8,0,4,1,1,8,0,8,6\}$$

앞서 수치 데이터에 대한 모델을 만들 때 주어진 수칫값 x를 가지고 특정 a와 b에 대해 $a + bx$를 계산할 수 있었습니다. 만약 여기서 각 픽셀의 흑백 강도[21]를 어떤 변수 x_i로 취급한다면, 이런 변수들을 평가해서 이미지가 어떤 숫자인지 알려 주는 함수가 있을까요? 이런 함수를 만드는 것이 가능합니다. 하지만

---

20 옮긴이_ 머신러닝은 컴퓨터를 사용해 데이터로부터 지식 또는 규칙을 추출하는 방법으로 인공지능을 구현하기 위한 주요 구성 요소입니다. 챗GPT와 같은 대규모 언어 모델은 머신러닝 알고리즘 중 하나인 인공신경망을 사용합니다. 이렇게 인공 신경망을 사용하는 머신러닝의 하위 분야를 딥러닝이라고 부릅니다.

21 옮긴이_ 픽셀의 강도는 일반적으로 0~255 사이의 정수로 나타냅니다.

놀랍게도 이 함수는 그리 간단하지 않습니다. 전형적인 이런 예제에서도 약 50만 개의 수학 연산이 필요합니다.

이미지의 픽셀 값을 이 함수에 입력하면 이미지가 나타내는 숫자가 최종 결과로 출력됩니다. 나중에 이러한 함수를 구성하는 방법과 신경망의 개념에 대해 이야기하겠습니다. 지금은 이 함수를 손 글씨 숫자 이미지(픽셀 값의 배열)를 입력하면 이에 해당하는 숫자를 출력하는 블랙박스로 취급하겠습니다.

```
In[ ]:= NetModel[ "..." ▾ ][{ 7, 0, 9, 7, 8, 2, 4, 1, 1, 1 }]
Out[ ]= {7, 0, 9, 7, 8, 2, 4, 1, 1, 1}
```

하지만 실제로 무슨 일이 일어나는 걸까요? 다음과 같이 한 숫자를 점진적으로 흐리게 만든다고 가정해봅시다. 잠시 동안 이 함수는 여전히 2로 인식합니다. 하지만 곧 인식하지 못하고 잘못된 결과를 내기 시작합니다.

```
In[ ]:= NetModel[ "..." ▾ ][{ 2, 2, 2, 2, 2, 2, 2, 2, 2 }]
Out[ ]= {2, 2, 2, 1, 1, 1, 1, 1, 1}
```

우리는 어떻게 잘못된 결과라고 말할 수 있을까요? 이 경우, 숫자 2를 흐리게 처리한 이미지라는 것을 알고 있기 때문입니다. 하지만 사람처럼 이미지를 인식할 수 있는 모델을 만드는 것이 목표라면, 출처를 모르는 흐릿한 이미지 중하나를 제시했을 때 사람이 어떻게 반응했을지 생각해 봐야 합니다.

함수에서 얻은 결과가 일반적으로 사람의 의견과 일치하면 좋은 모델입니다. 과학적으로 중요한 사실은 이와 같은 이미지 인식 작업을 위한 함수를 구성하는 방법을 이제 알고 있다는 것입니다.

이를 수학적으로 증명할 수 있을까요? 글쎄요, 불가능합니다. 그렇게 하려면 인간이 하는 일에 대한 수학적 이론이 있어야 합니다. 숫자 2의 이미지를 가져와서 몇 개의 픽셀을 변경해보세요. 몇 개의 픽셀이 달라져도 이미지를 2로 인식할 수 있어야 합니다. 하지만 얼마나 픽셀을 변경할 수 있을까요? 이는 사람의 시각 인식에 관한 문제입니다. 물론 벌이나 문어의 시각은 다를 것이며, 아마도 외계인으로 추정되는 존재의 경우도 다를 것입니다.

1.4 신경망

이미지 인식과 같은 작업을 위한 일반적인 모델은 실제로 어떻게 작동할까요? 현재 가장 인기 있고 성공적인 방식은 신경망neural network을 사용한 것입니다. 오늘날과 매우 비슷한 형태로 1940년대[22]에 발명된 신경망은 두뇌의 작동 방식에 대한 단순한 이상화라고 볼 수 있습니다.

사람의 뇌에는 약 1천억 개의 뉴런neuron(신경 세포)이 있으며, 각 뉴런은 초당 최대 천 번까지 전기적인 펄스pulse를 생성합니다. 뉴런은 복잡한 그물망으로 연결되어 있으며, 각 뉴런은 나무처럼 생긴 가지를 통해 수천 개의 다른 뉴런에 전기 신호를 전달합니다. 근사적으로 말하면 특정 뉴런이 특정 순간에 전기 펄스를 생성하는지 여부는 다른 뉴런으로부터 수신하는 펄스에 따라 달라집니다. 뉴런 사이의 연결은 서로 다른 가중치weight를 가집니다.

사람이 이미지를 볼 때 이미지에서 나오는 빛의 광자가 눈 뒤쪽의 세포(광수용

---

22 옮긴이_ 1943년 워런 매컬러(Warren McCulloch)와 월터 피츠(Walter Pitts)가 최초로 신경망에 대한 수학 모델을 제시했습니다. 두 사람의 이름을 따서 이 뉴런을 MCP(McCulloch-Pitts) 뉴런이라고도 부릅니다.

체)에 떨어지면 신경 세포에서 전기 신호를 생성합니다. 이 신경 세포는 다른 신경 세포와 연결되며, 신호는 연속된 뉴런의 층^{layer}을 통과합니다. 이 과정에서 사람은 이미지를 인식하고 숫자 2를 보고 있다는 생각을 형성합니다. 그리고 최종적으로 단어 '2'를 소리 내어 말합니다.

이전 절의 블랙박스 함수가 이러한 신경망을 수학으로 표현한 것입니다. 이 함수는 11개의 층을 가집니다(핵심적인 층은 4개입니다).

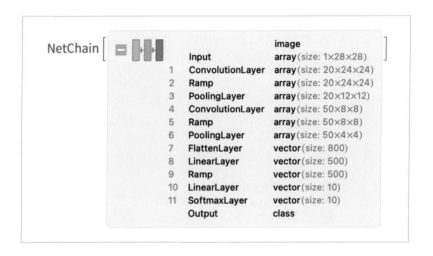

특별한 이론을 통해 유도된 신경망은 아닙니다. 뇌가 생물학적인 진화 과정을 통해 만들어졌다고 설명하는 것과 크게 다르지 않죠. 이 신경망은 1998년의 엔지니어링의 결과이며[23] 잘 작동합니다.

그렇다면 이와 같은 신경망은 사물을 어떻게 인식할까요? 핵심은 **끌개**^{attractor}라는 개념입니다. 손으로 쓴 1과 2의 이미지가 있다고 상상해보죠.

---

23 옮긴이_ 1998년에 페이스북(현 메타)의 얀 르쿤(Yann LeCun) 박사가 고안한 LeNet 신경망을 말합니다. 이 신경망은 미국 우정청에서 우편번호 숫자를 인식하는 데 사용되었습니다.

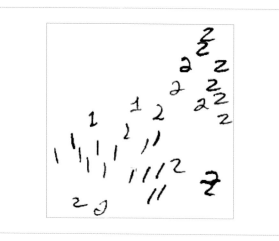

모든 1이 한쪽 위치로 모이고, 모든 2가 다른 쪽에 모이기를 원합니다. 다르게 말하면, 어떤 이미지가 2보다 1에 더 가까우면 '1의 위치'에 끌리고 반대의 경우에는 '2의 위치'에 끌리기를 원합니다.

간단하게 평면에 점으로 표시된 특정 위치가 있다고 가정해보겠습니다(실제 환경에서는 커피숍의 위치일 수 있습니다). 평면의 특정 지점에서 출발해 항상 가장 가까운 점으로 가고 싶습니다(즉, 항상 가장 가까운 커피숍으로 가고 싶습니다). 평면을 이상적인 분기점으로 구분된 지역(끌림 영역 attractor basin)으로 나누어 이를 표현할 수 있습니다.

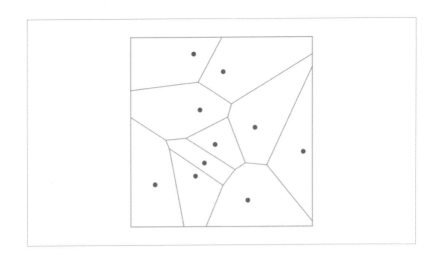

이를 일종의 인식 작업을 구현하는 것으로 생각할 수 있습니다. 이 작업은 주어진 이미지가 어떤 숫자와 가장 닮았는지 식별하는 것이 아니라, 주어진 점이 어떤 점에 가장 가까운지 확인합니다.

> **NOTE** 여기에 있는 보로노이 다이어그램Voronoi diagram[24]은 2D 유클리드 공간에서 점을 구분합니다. 숫자 인식 작업은 이와 매우 유사하지만 이미지의 모든 픽셀이 흑백 강도로 구성된 784차원 공간에서 수행됩니다.[25]

그렇다면 어떻게 신경망이 이런 인식 작업을 수행하도록 만들까요? 아주 간단한 경우를 생각해봅시다.

---

24 옮긴이_ 보로노이 다이어그램은 특정 점까지의 거리가 가장 가까운 영역으로 평면을 분할한 그림입니다. 이 다이어그램을 고안한 수학자 조지 보로노이(Georgy Voronoy)의 이름에서 따왔습니다.

25 옮긴이_ 여기서 예시로 사용한 MNIST 손 글씨 숫자 이미지는 가로와 세로가 각각 28픽셀이므로 총 784개의 픽셀로 구성됩니다.

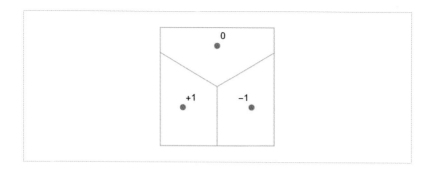

목표는 {x, y} 위치 입력을 받아 세 점 중 가장 가까운 점을 찾는 것입니다. 다시 말해 신경망이 {x, y}의 함수를 다음과 같이 계산해야 합니다.

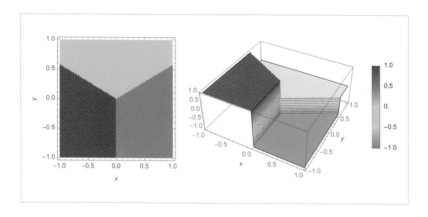

신경망으로 이 작업을 어떻게 수행할까요? 궁극적으로 신경망은 이상화된 뉴런[26]의 연결 집합이며, 층으로 정렬되어 있습니다. 간단한 예는 다음과 같습니다.

---

26 옮긴이_ 신경망의 뉴런은 실제 뇌의 뉴런과는 다릅니다. 용어 때문에 발생하는 오해를 방지하기 위해 많은 사람이 신경망의 뉴런을 유닛(unit)이라고도 부릅니다.

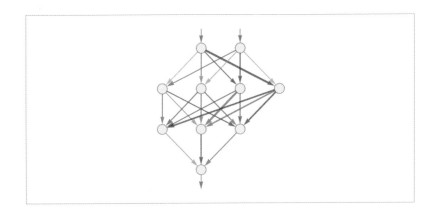

각 뉴런은 간단한 수치 함수를 평가합니다. 이 신경망을 사용하려면 먼저 맨 위에 숫자(예: 좌표 x와 y)를 입력합니다. 그다음 각 층의 뉴런이 자신만의 함수를 평가하고 그 결과를 신경망을 통해 전달합니다. 맨 아래에 최종 결과가 생성됩니다.[27]

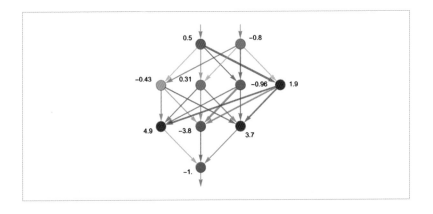

생물학적 뉴런에서 영감을 받은 기본 신경망의 각 뉴런은 이전 층의 뉴런과 모두 연결됩니다. 각 연결에는 특정 가중치(양수 또는 음수)가 할당됩니다. 각 뉴

---

27 옮긴이_ 여기서 위쪽과 아래쪽은 이해를 돕기 위한 것으로 실제 신경망에 위아래가 있는 것은 아닙니다.

런은 이전 뉴런의 값에 해당 가중치를 곱하여 모두 합한 후에 상수 하나를 더합니다. 마지막으로 임계^{threshold}(또는 활성화^{activation}) 함수를 적용해 출력을 만듭니다. 수학적으로 살펴보면 뉴런의 입력값이 $x = \{x_1, x_2, \cdots\}$일 때 $f[w \cdot x + b]$를 계산하는 것입니다. 여기서 가중치 w와 상수 b는 일반적으로 신경망의 각 뉴런마다 다르게 선택되며, 함수 f는 대부분 동일합니다.

$w \cdot x + b$ 계산은 단순한 행렬 곱셈과 덧셈입니다. 활성화 함수 f는 비선형성을 추가합니다(그리고 궁극적으로 비선형적인 동작으로 이어집니다). 다양한 활성화 함수를 사용하지만 여기서는 Ramp[28](또는 ReLU)를 사용합니다.

신경망으로 수행하려는 작업(또는 평가하려는 전체 함수)마다 가중치가 서로 다릅니다.

> 📝 NOTE 나중에 설명하겠지만 이러한 가중칫값은 기대하는 출력 샘플로부터 머신러닝으로 신경망을 훈련^{training}하여 결정됩니다.

궁극적으로 각각의 신경망은 하나의 수학 함수에 대응되지만 식으로 표현하면 매우 지저분합니다. 앞의 경우를 식으로 쓰면 다음과 같습니다.

---

28 https://reference.wolfram.com/language/ref/Ramp.html

$$w_{511}f(w_{311}f(b_{11} + xw_{111} + yw_{112}) + w_{312}f(b_{12} + xw_{121} + yw_{122}) +$$
$$w_{313}f(b_{13} + xw_{131} + yw_{132}) + w_{314}f(b_{14} + xw_{141} + yw_{142}) + b_{31}) +$$
$$w_{512}f(w_{321}f(b_{11} + xw_{111} + yw_{112}) + w_{322}f(b_{12} + xw_{121} + yw_{122}) +$$
$$w_{323}f(b_{13} + xw_{131} + yw_{132}) + w_{324}f(b_{14} + xw_{141} + yw_{142}) + b_{32}) +$$
$$w_{513}f(w_{331}f(b_{11} + xw_{111} + yw_{112}) + w_{332}f(b_{12} + xw_{121} + yw_{122}) +$$
$$w_{333}f(b_{13} + xw_{131} + yw_{132}) + w_{334}f(b_{14} + xw_{141} + yw_{142}) + b_{33}) + b_{51}$$

챗GPT 신경망도 이와 같은 수학 함수지만, 수십억 개의 항이 있습니다.

개별 뉴런으로 다시 돌아가보죠. 다음은 두 개의 입력(좌표 x와 y)을 가진 뉴런이 다양한 가중치와 상수를(그리고 Ramp 활성화 함수를) 사용해 계산할 수 있는 몇 가지 함수의 예입니다.

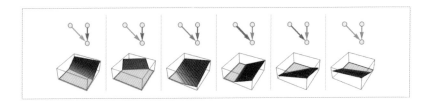

앞서 소개한 신경망 전체는 다음과 같은 계산을 수행합니다.

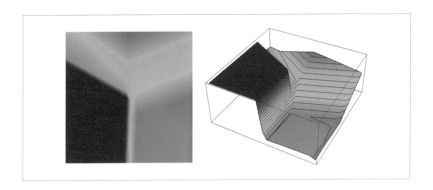

완전히 같지는 않지만 앞에 나온 가장 가까운 점 찾기 함수와 결과가 비슷합니다.

또 다른 신경망을 살펴보죠. 나중에 설명하겠지만, 각각의 경우에 머신러닝을 사용해 최적의 가중치를 찾습니다. 이런 가중치를 가진 신경망이 무엇을 계산하는지 차차 살펴보겠습니다.

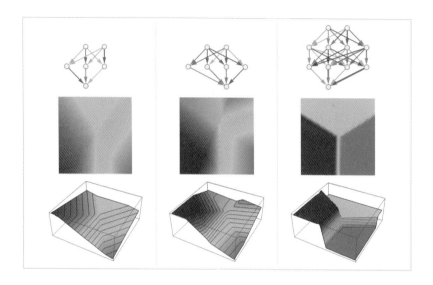

일반적으로 신경망이 클수록 목표 함수를 더 잘 근사합니다. 각 끌림 영역의 중앙에서는 원하는 답을 정확하게 얻을 수 있습니다. 하지만 신경망이 결정을 내리기 어려운 경계[29]에서는 상황이 복잡해집니다.

간단한 수학 스타일의 인식 작업에서는 정답이 무엇인지 명확하게 알 수 있습니다. 하지만 손 글씨 숫자를 인식하는 문제에서는 그렇게 명확하지 않습니다. 누군가 2를 너무 엉망으로 써서 7처럼 보인다면 어떻게 될까요? 그럼에도 신경망이 숫자를 어떻게 구분하는지 확인해보면 한 가지 사실을 알 수 있습니다.

---

29 https://www.wolframscience.com/nks/notes-10-12--memory-analogs-with-numerical-data

신경망이 어떻게 구분했는지 수학적으로 말할 수 있을까요? 그렇지 않습니다. 그저 신경망이 하는 일을 한 것뿐입니다. 그런데 사람이 구분하는 방식과 상당히 일치하네요.

좀 더 복잡한 예를 들어보겠습니다. 고양이와 강아지 이미지가 있다고 가정해봅시다. 두 종을 구분하도록 훈련된 신경망이 있습니다. 다음은 몇 가지 샘플입니다.

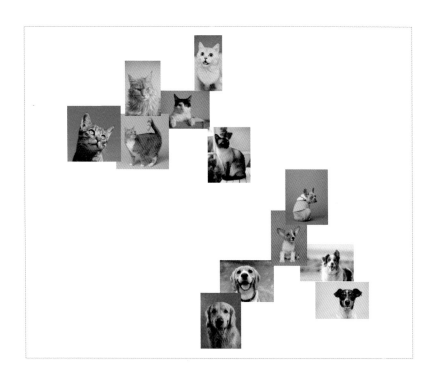

이 경우는 정답이 무엇인지 더 명확하지 않습니다. 예를 들어 고양이 옷을 입은 강아지는 어떻게 인식될까요? 어떤 입력이 주어지든 신경망은 사람이 수행하는 것과 같은 방식으로 답을 생성합니다. 앞에서 말했듯이, 이는 기본 원리에서 유도할 수 있는 사실이 아닙니다. 적어도 특정 영역에 대해서 **경험적으로 밝혀진 사실**일 뿐입니다. 하지만 신경망이 유용한 이유는 **사람과 비슷한 방식**으로 작업을 수행할 수 있기 때문입니다.

고양이 사진을 보며 '왜 고양이라고 생각했지?'라고 자문해보세요. 아마도 뾰족한 귀가 보인다고 대답할 수 있습니다. 하지만 어떻게 그 이미지를 고양이로 인식했는지 설명하기는 쉽지 않습니다. 그저 뇌가 어떻게든 알아챘을 뿐입니다. 적어도 아직까지는 뇌의 내부로 들어가서 어떻게 알아냈는지 확인할 방법이 없습니다. 그렇다면 (인공) 신경망은 어떨까요? 고양이 사진을 보여 주었을 때 각 뉴런이 무엇을 하는지 확인하는 것은 간단합니다. 하지만 이를 시각화하는 일은 매우 어렵습니다.

가장 가까운 점 문제에 사용한 최종 신경망에는 뉴런이 17개가 있습니다. 손으로 쓴 숫자를 인식하는 신경망에는 뉴런이 2,190개 있습니다. 그리고 고양이와 개를 인식하는 데 사용하는 신경망에는 뉴런이 60,650개 있습니다. 일반적으로 60,650차원의 공간을 시각화하기란 매우 어렵습니다. 하지만 이미지를 처리하도록 설계된 신경망이기 때문에 뉴런의 층을 픽셀 배열과 같은 배열로 생각할 수 있습니다.

다음과 같은 고양이 이미지를 사용한다고 가정해보죠.

다음은 고양이 이미지를 첫 번째 층에 있는 뉴런에 통과시켜 얻은 이미지의 모음입니다. 이 중 많은 이미지를 '배경이 없는 고양이' 또는 '고양이의 윤곽선'으로 쉽게 해석할 수 있습니다.

열 번째 층을 통과한 이미지를 살펴볼까요. 여기에서는 무슨 일이 일어나고 있는지 해석하기 어렵습니다.

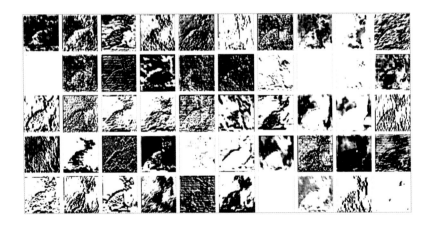

일반적으로 신경망은 어떤 특성 feature(예: 뾰족한 귀)을 골라내고, 이를 사용해 이미지가 무엇인지 판단합니다. 하지만 이러한 특성의 이름이 '뾰족한 귀'일까요? 대부분 그렇지 않습니다.

사람의 뇌도 비슷한 특성을 사용할까요? 이에 대해서는 잘 알지 못합니다. 하지만 여기서 본 신경망의 처음 몇 개의 층은 뇌의 첫 번째 시각 처리 단계에서 감지하는 특징(예: 물체의 가장자리)과 유사한 것을 골라내는 것처럼 보입니다.

신경망에 있는 '고양이 인식 이론'을 얻고 싶다고 가정해봅시다. 아마도 이렇게 말할 수 있을 거예요. "보세요. 이 신경망이 고양이를 인식할 수 있어요." 그러면 즉시 그 문제가 얼마나 어려운지(예를 들어 얼마나 많은 뉴런이나 층이 필요할지) 어느 정도 짐작할 수 있습니다. 하지만 적어도 현재로서는 신경망이 무엇을 하고 있는지 서술할 수 있는 방법이 없습니다. 그 이유는 신경망이 실제로 계산적으로 환원 불가능computationally irreducible[30]하기 때문일 수도 있고, 각 단계를 명시적으로 추적하는 것 외에는 신경망이 무엇을 하는지 알아낼 일반적인 방법이 없기 때문일 수도 있습니다. 혹은 과학을 이해하지 못했거나, 어떤 일이 일어나는지 요약할 수 있는 자연법칙을 파악하지 못했기 때문일 수도 있습니다.

챗GPT로 언어를 생성하는 것에 대해 이야기할 때도 동일한 문제에 직면하게 됩니다. 무엇을 하고 있는지 요약할 방법이 있는지도 명확하지 않습니다. 하지만 언어의 풍부함과 상세함(그리고 언어에 대한 우리의 경험)을 통해 이미지를 다룰 때보다는 더 많이 이해할 수 있습니다.

---

30 옮긴이_ 계산적 환원 불가능성(computational irreducibility)은 저자의 저서 『A New Kind of Science』(Wolfram Media, Inc., 2002)에서 처음 제안한 개념입니다. 직접 실행하거나 실험을 수행하기 전에 초기 조건으로 시스템의 동작을 예측하기 어려운 경우, 시스템의 속도를 높이거나 시스템을 설명할 수 있는 방법이 없다는 것을 의미합니다.

1.4.1 머신러닝과 신경망 훈련

지금까지 특정 작업을 수행하는 방법을 배운 신경망에 대해 이야기했습니다. 하지만 신경망이 (물론 뇌에서도) 매우 유용한 이유는 원칙적으로 온갖 종류의 작업을 수행할 수 있을 뿐만 아니라 샘플을 통해 점진적으로 훈련할 수 있다는 점입니다.

고양이와 강아지를 구별하는 신경망을 만들 때, 수염을 찾는 프로그램을 명시적으로 작성하지 않습니다. 대신 고양이와 강아지 샘플을 많이 보여준 다음 신경망이 머신러닝으로 이를 구별하는 방법을 학습합니다.

훈련된 신경망이 지금까지 본 특정 샘플에서 벗어나 **일반화**generalization된다는 것이 중요합니다. 앞에서 살펴본 것처럼 단순히 신경망이 고양이 이미지의 특정 픽셀 패턴을 인식하는 것이 아니라, 신경망이 일반적인 고양이로 간주되는 무언가를 기반으로 이미지를 구별해낸다는 뜻입니다.

그렇다면 실제로 어떻게 신경망을 훈련하는 걸까요? 기본적으로 우리가 하려는 일은 제공된 샘플을 신경망이 성공적으로 재현할 수 있는 가중치를 찾는 것입니다. 그런 다음 합리적인 방식으로 신경망이 이러한 샘플들 사이를 보간in-terpolation(또는 일반화)합니다.

가장 가까운 점 찾기 문제보다 더 간단한 문제를 살펴봅시다. 신경망에 다음 함수를 학습시켜 보죠.

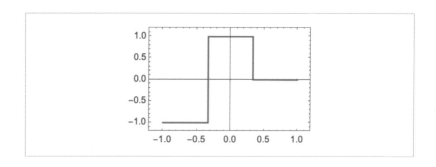

이 작업에는 다음과 같이 입력과 출력이 하나씩만 있는 신경망이 필요합니다.

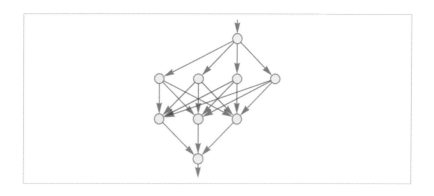

하지만 어떤 가중치를 사용해야 할까요? 신경망은 가능한 모든 가중치 조합을 사용해 특정 함수를 계산합니다. 예를 들어 무작위로 선택된 몇 가지 가중치를 사용하면 다음과 같은 함수를 계산합니다.

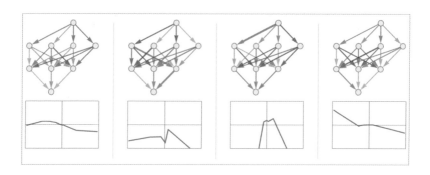

원하는 함수를 재현하지 못하고 있네요. 그렇다면 이 함수를 재현할 수 있는 가중치를 어떻게 찾을 수 있을까요?

기본적인 아이디어는 학습 가능한 한 많은 입력과 출력 샘플을 제공한 다음, 이러한 샘플을 재현할 가중치를 찾는 것입니다. 다음은 점점 더 많은 샘플을 사용해 수행한 결과입니다.

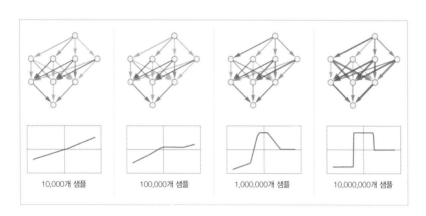

10,000개 샘플	100,000개 샘플	1,000,000개 샘플	10,000,000개 샘플

훈련의 각 단계에서 신경망의 가중치는 점진적으로 조정되므로 결국 원하는 함수를 성공적으로 재현하는 신경망을 얻을 수 있습니다. 그렇다면 가중치는 어떻게 조정할까요? 기본 개념은 각 단계에서 원하는 함수를 얻기까지 얼마나 멀리 떨어져 있는지를 확인한 다음, 더 가까워질 수 있도록 가중치를 업데이트 하는 것입니다.

얼마나 멀리 떨어져 있는지 알아내기 위해 손실 함수$^{loss\ function}$(또는 비용 함수$^{cost\ function}$라고도 함)를 계산합니다. 여기서는 계산하여 얻은 값과 실제 값 차이의 제곱의 합인 단순한 (L2) 손실 함수를 사용합니다. 그리고 훈련 과정이 진행됨에 따라 손실 함수는 학습 곡선$^{learning curve31}$을 따라서 점차 감소하고, 신경망이 원하는 함수를 성공적으로 재현하는 지점에(적어도 근사치에 가깝게) 도달합니다.

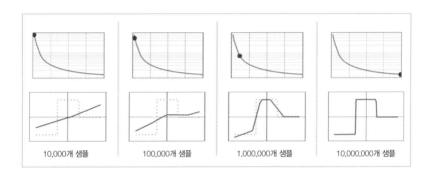

마지막으로 중요한 부분은 손실 함수를 줄이기 위해 가중치를 조정하는 방법입니다. 앞서 말했듯이 손실 함수는 계산한 값과 실제 값 사이의 거리를 알려줍니다. 계산하여 얻은 값은 현재 버전의 신경망과 그 안에 있는 가중치에 의해 결정됩니다. 가중치가 변수 w_i라고 가정하고, 변수의 값을 조정해 손실을 최소화하는 방법을 알아보겠습니다.

예를 들어 실제로 사용하는 일반적인 신경망을 놀라울 정도로 단순화해봅시다. w_1과 w_2, 두 개의 가중치만 있다면 w_1과 w_2의 함수로 다음과 같은 손실을 얻을 수 있습니다.

---

31 학습 곡선은 작업마다 다릅니다.

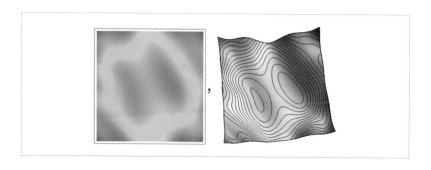

이런 경우의 최솟값을 찾는 다양한 수치 분석 기법이 있습니다. 하지만 일반적인 접근 방식은 이전의 w_1, w_2에서 가장 가파르게 내려가는 경로를 점진적으로 따라가는 것입니다.

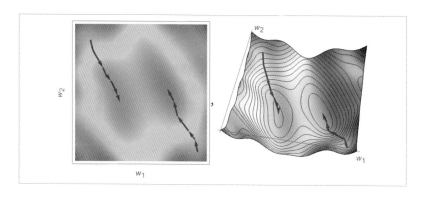

산을 따라 흘러내리는 물처럼 이 과정은 손실 표면의 **지역 최솟값**^{local minimum}(산 속의 호수)에 도달한다는 점이 보장됩니다. 궁극적인 **전역 최솟값**^{global minimum}에는 도달하지 못할 수 있습니다.

가중치 지형에서 가장 가파른 하강 경로를 찾는 것이 가능할지는 확실치 않습니다. 하지만 미적분이 도움이 됩니다. 위에서 언급했듯이 신경망은 입력과 가중치에 따라 달라지는 수학 함수를 계산하는 것입니다. 하지만 이제 가중치와 관련한 미분을 생각해보겠습니다. 미분의 연쇄 법칙을 사용하면 신경망의 연속적인 층에서 수행되는 연산을 거꾸로 풀 수 있습니다. 그 결과, 적어도 국부적으로는 신경망의 연산을 반전시켜 출력과 관련된 손실을 최소화하는 가중치의 근사치를 점진적으로 찾을 수 있습니다.

앞서 살펴본 그림은 가중치가 2개인 매우 단순한 경우의 손실 최소화 과정입니다. 하지만 더 많은 가중치를 사용하더라도 (챗GPT는 1,750억 개의 가중치를 사용합니다) 최소한 어느 정도 근사치까지는 최소화를 수행할 수 있습니다. 실제로 2011년경에 발생한 딥러닝 deep learning 혁신은 어떤 의미에서 가중치가 적을 때보다 많을 때 (적어도 근사적으로) 손실을 최소화하기 더 쉬울 수 있다는 발견과 관련이 있습니다.

다시 말해 직관과는 다소 다르지만 신경망을 사용하면 단순한 문제보다 복잡한 문제를 더 쉽게 풀 수 있습니다. 그 이유는 가중치 변수가 많으면 최솟값으로 향하는 방향을 많이 가진 고차원 공간[32]을 갖게 되는 반면, 이런 변수가 적으면 빠져나갈 방향이 없는 국부적인 최솟값(산속의 호수)에 갇히기 쉽기 때문입니다.

일반적인 경우 신경망에 거의 동일한 성능을 제공하는 다양한 가중치 집합이 존재합니다. 그리고 실제 신경망 훈련에서는 다음과 같이 '다르지만 동등한 솔루션'으로 이어지는 무작위한 선택지가 많습니다.

---

32 옮긴이_ 고차원 공간에서는 모든 차원에 대해서 하강하는 경로가 하나도 없는 지점이 드뭅니다. 바꾸어 말하면 고차원 공간에서 하강 경로가 없는 지역을 찾았다면(즉, 손실이 더 이상 감소하지 않는다면) 비록 이 위치가 전역 최솟값은 아니더라도 상당히 좋은 최솟값일 것입니다.

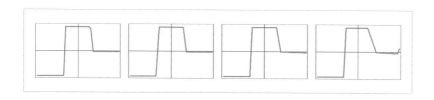

하지만 이렇게 조금씩 다른 솔루션은 적어도 약간씩은 동작이 다릅니다. 예를 들어 훈련에 사용한 데이터의 범주를 벗어난 샘플을 전달해 외삽^{extrapolation}을 수행하면 확연히 다른 결과를 얻을 수 있습니다.

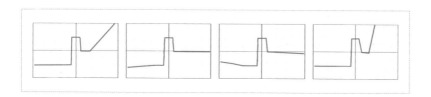

이 중 어떤 것이 옳은 것일까요? 알 수 있는 방법이 정말 없습니다. 모두 관찰된 데이터와 일치합니다. 하지만 **예외적인 샘플에 대해서 해야 할 일을 생각하는 방식**이 모두 서로 다릅니다. 어떤 것은 다른 것보다 사람에게 더 합리적으로 보일 수도 있습니다.

1.4.2 신경망 훈련의 실제와 이론

특히 지난 10년 동안 신경망 훈련 기술에는 많은 발전이 있었습니다. 네, 맞아요. 신경망 훈련은 기본적으로 예술에 가깝습니다. 때때로, 특히 돌이켜보면 어떤 작업 결과에 대한 과학적 설명을 희미하게나마 찾을 수 있습니다. 하지만 대부분 시행착오를 거치면서 아이디어와 트릭이 추가되었고, 신경망 훈련 방법에 대한 중요한 지식이 쌓여 왔습니다.

핵심이 되는 부분은 다음과 같습니다. 먼저, 특정 작업에 어떤 신경망 아키텍처를 사용해야 하는지에 대한 문제입니다. 그리고 신경망을 훈련할 데이터를 어떻게 확보할 것인지에 대한 문제입니다. 요즘에는 신경망을 처음부터 훈련하지 않는 경우가 많습니다. 이미 훈련된 다른 신경망을 통합하거나 신경망을 사용해 더 많은 훈련 샘플을 생성합니다.

특정 종류의 작업마다 다른 신경망 아키텍처가 필요하다고 생각할 수도 있습니다. 하지만 겉보기에 전혀 다른 작업에서도 동일한 아키텍처가 잘 작동하는 경우가 많습니다. 이런 현상은 보편적 계산[universal computation](그리고 필자의 계산 등가성 원칙[Principle of Computational Equivalence][33])을 떠올리게 합니다. 나중에 설명하겠지만 신경망으로 수행하는 작업은 지능적인 작업이며, 신경망이 매우 지능적인 과정을 학습할 수 있다는 사실을 반영하는 것이라고 생각합니다.

신경망 초기에는 신경망이 가능한 한 적은 일을 하도록 만들어야 한다고 생각했습니다. 예를 들어 음성을 텍스트로 변환할 때는 먼저 음성의 오디오를 분석해 음소[34] 등으로 분해해야 한다고 생각했습니다. 하지만 적어도 지능적인 작업의 경우 신경망을 엔드-투-엔드[end-to-end] 문제로 훈련시키고 필요한 중간 특성과 인코딩 등을 스스로 발견하게 만드는 것이 더 낫습니다.

신경망에 복잡한 구성 요소를 추가해 사실상 특정 알고리즘을 명시적으로 구현해야 한다는 생각도 있었지만 대부분 가치가 없었습니다. 대신 매우 단순한 구성 요소가 알고리즘 아이디어에 상응하는 결과를 얻도록 (비록 우리가 이해할 수 없는 방식으로 작동하더라도) 스스로 조직화하도록 내버려 두는 것이 더

---

33   옮긴이_ 계산 등가성 원칙은 저자가 제안한 또 다른 개념으로 자연계에서 볼 수 있는 대부분의 시스템은 계산적으로 동등하다는 이론입니다.

34   옮긴이_ 음소는 사람이 인식할 수 있는 소리의 최소 단위입니다.

낫습니다.

그렇다고 신경망 구조와 관련된 아이디어가 없는 것은 아닙니다. 예를 들어 국부적으로 연결된 뉴런의 2D 배열[35]은 적어도 이미지 처리의 초기 단계에서는 매우 유용해 보입니다. 그리고 시퀀스를 돌아보는 데 집중하는 연결 패턴[36]은 (나중에 살펴봅니다) 챗GPT와 같이 사람의 언어를 처리할 때 유용할 것 같습니다.

신경망의 중요한 특징은 일반적인 컴퓨터처럼 궁극적으로 데이터를 처리한다는 점입니다. 그리고 현재 훈련 방식을 사용하는 신경망은 구체적으로 숫자의 배열을 처리합니다. 하지만 처리 과정에서 이러한 배열은 완전히 재배열되고 모양이 바뀔 수 있습니다. 예를 들어 앞서 손 글씨 숫자를 식별하는 데 사용한 신경망은 처음에는 2D 이미지와 같은 배열로 시작했지만 채널이 늘어나며 빠르게 두꺼워집니다. 결국 출력 가능한 여러 숫자를 원소로 담은 1D 배열로 축소됩니다.

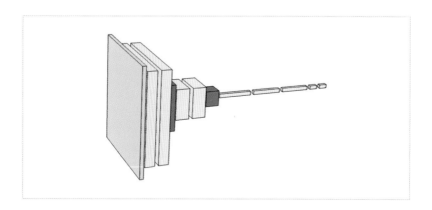

35 옮긴이_ 이미지 처리 분야에 널리 사용되는 합성곱 층(convolution layer)을 의미합니다.

36 옮긴이_ 순차 데이터 처리에 널리 사용되는 순환 층(recurrent layer)을 의미합니다. 이 층은 이전 출력을 다시 참조하는 특징을 갖습니다.

특정 작업에 얼마나 큰 신경망이 필요한지 어떻게 알 수 있을까요? 사전에 이를 알 수 있는 방법이 없으며 정확한 크기의 신경망을 찾는 것은 일종의 예술과도 같습니다. 일정 수준에서 작업이 얼마나 어려운지를 아는 것이 중요합니다. 하지만 지능적인 작업일 경우에는 일반적으로 추정하기가 매우 어렵습니다. 컴퓨터는 기계적으로 작업을 수행하는 체계적인 방법을 알고 있지만, 사람처럼 훨씬 더 쉽게 작업을 수행하는 트릭이나 지름길이 있는지 알 수 없습니다. 특정 게임을 기계적으로 플레이하려면 거대한 게임 트리를 나열해야 할 수도 있지만, 사람 수준과 맞먹는 플레이를 하기 위한 훨씬 더 쉬운 **경험적**heuristic 방법이 있을 수도 있습니다.

가끔 작은 신경망으로 간단한 작업을 할 때 한계를 명백하게 인지하는 경우도 있습니다. 예를 들어 다음은 작은 신경망 몇 개로 이전 절의 작업을 수행해 얻은 최선의 결과입니다.

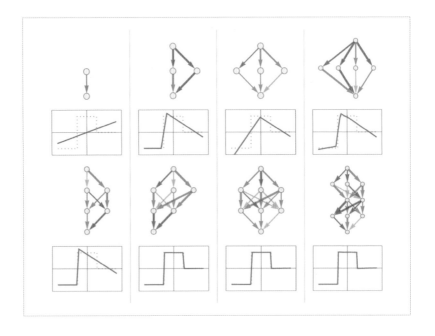

신경망이 너무 작으면 원하는 함수를 재현할 수 없습니다. 하지만 신경망의 크기가 어느 정도 이상이라면 문제가 없습니다. 충분한 샘플로 충분히 오랫동안 훈련하면 됩니다. 앞서 살펴본 그림에서 신경망에 관한 법칙을 하나 발견할 수 있습니다. 더 적은 수의 뉴런을 거치도록 강제하는 중간 층이 있으면 더 작은 신경망을 사용할 수 있다는 것입니다.[37]

> NOTE   중간 층이 없는 신경망인 퍼셉트론perceptron[38]은 본질적으로 선형 함수만 학습할 수 있지만, 중간 층이 하나라도 있고 뉴런이 충분하다면 원칙적으로 모든 함수를 임의로 잘 근사화하는 것이 가능합니다.[39] 하지만 훈련이 가능하려면 일반적으로 특정한 규제regularization나 정규화normalization가 필요합니다.

특정 신경망 아키텍처를 결정했다고 가정해보겠습니다. 이제 신경망을 훈련할 데이터를 확보하는 문제가 남았습니다. 신경망과 일반적인 머신러닝의 실질적인 과제는 필요한 훈련 데이터를 확보하거나 준비하는 데 있습니다. 지도학습supervised learning에는 입력과 기대 출력을 위한 명시적인 샘플이 필요합니다. 예를 들어 이미지에 포함된 내용이나 다른 속성에 따라 태그tag가 지정된 이미지가 필요할 수 있습니다. 또는 많은 노력을 들여 명시적으로 태그를 지정해야 할 수도 있습니다. 하지만 이미 완료된 작업에 편승하거나 일종의 대리자proxy를 사용하는 경우가 많습니다. 예를 들어 웹에서 이미지와 함께 제공된 alt 태그를 사용할 수 있습니다. 다른 분야에서는 동영상용으로 만들어진 자막을 사용할 수 있습니다. 또는 언어 번역 모델을 훈련하는 경우, 웹 페이지나 문서의

---

37 옮긴이_ 그림 하단의 왼쪽에서 두 번째 신경망은 그 옆의 세 번째, 네 번째 신경망보다 뉴런이 적지만 동일한 함수를 학습합니다.

38 https://ko.wikipedia.org/wiki/퍼셉트론

39 https://en.wikipedia.org/wiki/Universal_approximation_theorem

다른 언어 버전을 사용할 수 있습니다.

특정 작업을 위해 신경망을 훈련시키려면 얼마나 많은 데이터가 필요할까요? 다시 말하지만 원론적으로 추정하기는 어렵습니다. 물론 전이 학습$^{transfer\ learning}$을 사용해 다른 신경망에서 이미 학습한 중요한 특성을 전이하면 요구 사항을 크게 줄일 수 있습니다. 하지만 신경망을 잘 훈련하려면 샘플을 많이 입력해야 합니다. 그리고 일부 작업에서는 샘플을 엄청나게 반복할 수 있다는 것이 신경 망 이론의 중요한 부분입니다. 실제로 신경망에 모든 샘플을 반복해서 보여주 는 것이 표준 전략입니다. 이러한 훈련 라운드^{round}(또는 에폭^{epoch})마다 신경망 은 조금씩 다른 상태가 될 것이며, 특정 샘플을 반복하는 것은 신경망이 해당 샘플을 기억하는 데 도움이 됩니다. 즉, 사람이 암기할 때 반복의 유용성과 유 사합니다.

하지만 같은 샘플을 반복해서 보여주는 것만으로는 충분하지 않습니다. 신경 망에 변형된 샘플도 보여줄 필요가 있습니다. 데이터 증식$^{data\ augmentation}$을 사용 해 만든 변형 샘플이 정교하지 않아도 유용하다는 것이 신경망 이론의 특징입 니다. 기본적인 이미지 처리를 통해 이미지를 약간 수정하는 것만으로도 신경 망 훈련에는 유용합니다. 마찬가지로 자율 주행 자동차를 훈련하기 위한 실제 영상이 부족할 경우, 사실적인 디테일은 생략하고 비디오 게임과 유사한 환경 에서 시뮬레이션을 실행해 데이터를 얻을 수 있습니다.

챗GPT는 어떨까요? 챗GPT는 비지도 학습$^{unsupervised\ learning}$을 수행하기 때문에 훈련 샘플을 훨씬 쉽게 얻을 수 있다는 장점이 있습니다. 챗GPT의 기본 임무 는 주어진 텍스트를 어떻게 이어갈지 알아내는 것입니다. 따라서 텍스트에서 마지막 단어 이전까지를 입력으로 사용하고, 마지막 단어는 출력으로 사용해 훈련 샘플을 만듭니다. 나중에 자세히 설명하겠지만, 여기서 요점은 이미지에 포함된 내용을 학습할 때와 달리 명시적인 태그가 필요하지 않고 챗GPT는 **주어진 텍스트 샘플**에서 직접 학습한다는 것입니다.[40]

그렇다면 신경망의 실제 학습 과정은 어떻게 될까요? 결국 주어진 훈련 샘플을 가장 잘 포착하는 가중치를 결정하는 것이 관건입니다. 이러한 수행 과정을 조정할 수 있는 다양한 세부 옵션과 하이퍼파라미터hyperparameter[41] 설정이 있습니다. 선택할 수 있는 손실 함수(제곱의 합, 절댓값의 합 등)도 다양합니다. 손실을 최소화하는 방법도 다양합니다(각 단계마다 가중치 공간에서 얼마나 크게 이동할지 등). 그리고 최소화하려는 손실의 추정치를 얻기 위해 얼마나 큰 샘플의 배치batch[42]를 사용할 것인지와 같은 결정 사항도 있습니다. 또한 울프럼 언어에서 하듯이 머신러닝을 적용해 하이퍼파라미터를 자동으로 설정함으로써 머신러닝을 자동화할 수 있습니다.

하지만 전체 훈련 과정에서 손실은 점점 감소합니다. 다음은 울프럼 언어의 훈련 과정을 모니터링한 화면입니다.

---

40 옮긴이_ 입력 데이터의 일부를 기대 출력으로 사용하기 때문에 이를 자기 지도 학습(self supervised learning)이라고도 합니다.

41 가중치를 파라미터로 생각할 수 있기 때문에 이렇게 부릅니다. 옮긴이_ 머신러닝 모델이 데이터로부터 학습하지 못하고 사람이 설정해야 하는 옵션을 하이퍼파라미터라고 부릅니다.

42 옮긴이_ 모델이 한 번에 처리하는 샘플의 묶음을 배치라고 부릅니다.

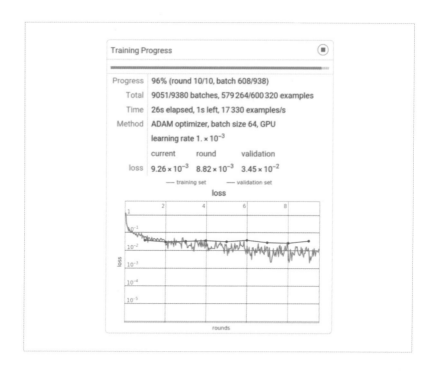

손실은 잠시 감소하지만 결국에는 일정한 값으로 평탄해집니다. 값이 충분히 작다면 성공적인 훈련이라고 간주할 수 있습니다. 그렇지 않다면 신경망 아키 텍처를 변경해야 한다는 신호입니다.

학습 곡선이 평탄해지는 데 얼마나 걸리는지 알 수 있을까요? 자연 현상에서 볼 수 있는 다른 많은 것들처럼 신경망의 크기 및 사용하는 데이터의 양과 대략적인 멱 법칙[43]을 따르는 것으로 보입니다. 하지만 신경망 훈련은 어렵고 계산 자원이 많이 필요하다는 것이 일반적인 결론입니다. 실제로 이러한 노력 대부분은 숫자 배열에 대한 연산을 수행하는 데 소요됩니다. 이는 GPU가 잘하는 일이며, 이로 인해 신경망 훈련은 GPU의 가용성에 따라 제한됩니다.

---

43 https://arxiv.org/pdf/2001.08361.pdf 옮긴이_ 이 논문은 계산 용량, 모델 크기, 데이터 양에 거듭 제곱으로 비례하여 신경망의 손실이 줄어든다고 소개합니다.

미래에는 신경망을 훈련하는 데 근본적으로 더 나은 방법이 생길까요? 또는 신경망이 하는 일을 일반화한 더 나은 것이 나올까요? 저는 거의 확실히 가능성이 있다고 생각합니다. 신경망의 기본 개념은 수많은 단순한 (본질적으로 동일한) 구성 요소로 유연한 컴퓨팅 패브릭 fabric을 만들고, 샘플을 통해 학습할 수 있도록 이 패브릭을 점진적으로 수정하는 것입니다. 현재의 신경망에서는 기본적으로 실수 미분을 사용해 조금씩 수정합니다. 하지만 높은 정밀도는 중요하지 않으며, 현재의 방법으로는 8비트 이하로도 충분하다는 것이 점점 더 분명해지고 있습니다.

기본적으로 많은 개별 비트에서 병렬로 작동하는 셀룰러 오토마타 cellular automata[44] 같은 계산 시스템에서는 이러한 종류의 점진적 수정 방법이 명확하지 않았지만, 불가능하다고 생각할 이유는 없었습니다. 사실 2012년의 딥러닝 혁신[45]과 마찬가지로 이러한 점진적 수정은 단순한 경우보다 복잡한 경우에 더 쉽습니다.

뇌와 약간은 비슷할 수 있는 신경망은 고정된 뉴런 신경망을 유지하도록 설정되어 있으며, 수정되는 것은 뉴런 간의 연결 강도(가중치)입니다. 만약 어린아이라면 뇌에서는 완전히 새로운 연결이 상당히 많이 생길 겁니다. 이러한 방식이 생물학적으로는 편리한 설정일지 모르지만, 우리에게 필요한 기능을 달성하는 최선의 방법인지는 확실하지 않습니다. 아마도 울프럼 물리 프로젝트 Wolf-

---

44 옮긴이_ 1948년 존 폰 노이만(John von Neumann)이 제안한 개념입니다. 규칙적인 격자에 있는 셀(cell)이 유한한 개수의 상태를 가지며 이산적인 타임 스텝마다 동시에 업데이트됩니다. 각 셀은 자신의 상태와 이웃 셀의 상태를 입력받아 다음 타임 스텝에서 셀 상태를 출력합니다. 이런 셀을 모아 놓은 공간을 셀룰러 오토마타라 부릅니다.

45 https://en.wikipedia.org/wiki/AlexNet 옮긴이_ 제프리 힌턴(Geoffrey Hinton) 박사가 이끄는 팀이 만든 신경망으로 2012년 이미지넷(ImageNet) 대회에서 처음으로 합성곱 신경망을 사용하여 큰 차이로 우승했습니다.

ram Physics Project[46]가 연상되는 점진적인 신경망 재작성과 같은 방식이 궁극적으로 더 나을 수도 있습니다.

하지만 기존 신경망의 프레임워크 내에서도 중요한 한계가 있습니다. 현재 신경망 훈련은 기본적으로 순차적이며, 각 샘플 배치를 처리한 결과는 가중치를 업데이트하기 위해 거꾸로 전파됩니다. 실제로 현재의 컴퓨터 하드웨어에서 신경망을 훈련할 때 GPU를 사용하더라도 신경망의 많은 부분이 유휴 상태에 있으며, 한 번에 한 부분만 업데이트됩니다. 이는 현재의 컴퓨터가 CPU(또는 GPU)와 분리된 메모리를 갖기 때문입니다. 하지만 뇌는 다를 것으로 예상합니다. 모든 기억 요소(즉, 뉴런)가 잠재적인 실제 계산 요소가 될 수 있기 때문입니다. 미래의 컴퓨터 하드웨어를 이런 식으로 구축한다면 훨씬 더 효율적으로 작업을 수행할 수 있을 것입니다.

1.4.3 충분히 큰 신경망은 무엇이든 할 수 있습니다!

챗GPT 같은 기술은 매우 인상적이어서 계속 더 큰 신경망을 훈련시키면 결국에는 모든 일을 할 수 있을 거라 상상할 수 있습니다. 사람의 직관에 관련된 것들을 생각한다면 그럴 가능성이 높습니다. 하지만 지난 수백 년간 과학이 얻은 교훈은 형식을 갖춘 프로세스로는 알아낼 수 있지만 사람의 직관으로는 쉽게 찾을 수 없는 것들이 있다는 것입니다.

대표적인 예는 '간단하지 않은 수학'입니다. 하지만 일반적인 경우를 생각하면 실제 계산이 여기에 해당됩니다. 그리고 계산적으로 환원 불가능한 현상이 궁

---

46 https://www.wolframphysics.org 옮긴이_ 올프럼 물리 프로젝트는 세상의 근본이 되는 새로운 물리 법칙을 찾는 프로젝트입니다.

극적인 문제입니다. 여러 단계를 거쳐야 할 것 같은 계산이 실제로는 아주 단순한 계산으로 축소될 수 있습니다. 하지만 계산적 환원 불가능성에 대한 발견은 항상 이렇게 축소할 수 없다는 것을 의미합니다. 그 대신 다음 그림과 같이 필연적으로 각 계산 단계를 추적해야 합니다.

우리의 뇌로 하는 일은 계산적 환원 불가능성을 피하기 위함일지도 모릅니다. 머릿속으로 수학을 계산하려면 상당한 노력이 필요합니다. 또한 간단하지 않은 프로그램의 작동 단계를 머릿속으로만 생각한다는 것은 거의 불가능합니다.

이때 컴퓨터를 사용할 수 있습니다. 컴퓨터가 있으면 계산적으로 환원할 수 없는 긴 작업도 쉽게 할 수 있습니다. 중요한 점은 이러한 작업에는 지름길이 없다는 점이죠.

우리는 특정 계산 시스템에서 일어나는 일에 대한 구체적인 사례를 꽤 많이 기억할 수 있습니다. 사례를 살펴보며 계산적으로 환원 가능한 패턴을 몇 가지 발견할 수도 있습니다. 하지만 계산적 환원 불가능성의 의미는 예상치 못한 일이 일어나지 않는다고 보장할 수 없으며, 특정 사례에서 실제로 어떤 일이 일어나는지 파악하려면 명시적으로 계산을 수행해야만 가능하다는 것입니다.

결국 학습 가능성과 계산적 환원 불가능성 사이에는 근본적인 긴장이 존재합니다. 학습은 사실상 규칙성을 활용해 데이터를 압축하는 것과 관련이 있습니다. 하지만 계산적 환원 불가능성은 궁극적으로 가능한 규칙성에 한계가 있다는 것을 의미합니다.

실제로 셀룰러 오토마타나 튜링 기계^{Turing machine} 같은 작은 계산 장치를 신경망과 같은 훈련 가능한 시스템에 구축한다고 상상해보세요. 울프럼 알파가 챗GPT에 좋은 도구가 될 수 있는 것처럼 이런 장치도 신경망을 위한 좋은 도구가 될 수 있습니다. 하지만 계산적 환원 불가능성은 이러한 장치를 학습시킬 수 없다는 것을 의미합니다.

다시 말해 계산 능력과 훈련 가능성 사이에는 궁극적인 트레이드오프^{tradeoff}가 존재합니다. 시스템이 계산 능력을 사용하기를 원할수록 계산적 환원 불가능성이 더 많이 나타나고 훈련 가능성은 더 낮아집니다. 그리고 훈련이 가능할수록 정교한 계산을 수행하는 능력은 줄어듭니다.

> 📖 NOTE 현재 챗GPT의 상황은 훨씬 더 극단적입니다. 각 토큰의 출력을 생성하는 데 사용되는 신경망은 루프^{loop}가 없는 순수한 피드 포워드^{feed forward} 신경망[47]이므로 복잡한 제어 흐름^{control flow}이 들어간 어떤 계산도 수행할 수 없기 때문입니다.

환원 불가능한 계산을 할 수 있다는 것이 실제로도 중요할까요? 사실, 오랫동

---

47 옮긴이_ 순환 층과 달리 한 방향으로만 데이터를 처리하는 층을 피드 포워드 층이라 부릅니다. 챗GPT와 같은 트랜스포머(Transformer) 기반 모델은 순환 층 대신에 어텐션 구조를 사용하며 토큰의 확률을 출력하기 위해 마지막에 피드 포워드 층을 사용합니다.

안 인류 역사에서 이는 그다지 중요하지 않았습니다. 하지만 현대의 기술 세계는 수학 계산을 활용하는 엔지니어링 기반으로 구축되었으며, 점점 더 일반적인 계산도 활용하고 있습니다. 또한 자연계도 환원 불가능한 계산으로 가득 차 있으며, 인간은 이를 모방하면서 기술적으로 사용하는 방법을 서서히 이해하고 있습니다.

순수한 사람의 사고로도 쉽게 알아차릴 수 있는 자연계의 규칙성이라면 인공신경망도 확실히 포착할 수 있습니다. 하지만 신경망이 수학이나 계산 과학의 영역에 속하는 문제를 해결하려면 일반적인 계산 시스템을 도구로 사용해야만 합니다.

다만 여기에는 혼란스러운 지점이 있습니다. 과거에는 에세이 작성을 포함해 컴퓨터가 하기엔 너무 어렵다고 생각했던 작업이 많았습니다. 그런데 챗GPT와 같은 인공지능이 이런 일을 해내는 것을 보고 나니 갑자기 컴퓨터가 훨씬 더 강력해졌다고 생각하게 되었습니다. 특히 셀룰러 오토마타처럼 시스템의 동작을 점진적으로 계산하는 것과 같이 컴퓨터가 기본적으로 할 수 있었던 일을 뛰어넘을 것이라고 생각하게 되었죠.

하지만 이는 올바른 결론이 아닙니다. 계산적으로 환원 불가능한 프로세스는 여전히 계산적으로 환원 불가능하며, 컴퓨터가 개별 단계를 쉽게 계산할 수 있다고 해도 여전히 컴퓨터가 수행하기는 어려운 작업입니다. 대신 에세이 작성과 같이 인간이 할 수 있지만 컴퓨터가 할 수 없다고 생각했던 작업은 실제로 어떤 면에서는 계산적으로 더 쉽다는 결론을 내릴 수 있습니다.

다시 말해 신경망이 에세이를 성공적으로 작성할 수 있는 이유는 에세이 작성이 우리가 생각했던 것보다 계산적으로 얕은 문제라는 것입니다. 에세이를 쓰는 방법이나 일반적으로 언어를 다루는 방법에 대한 이론을 찾았다고 볼 수 있습니다.

신경망이 충분히 크다면 인간이 쉽게 할 수 있는 모든 일을 할 수 있을지도 모릅니다. 하지만 자연계가 할 수 있는 일이나 자연계에서 만들어낸 도구가 할 수 있는 일을 우리가 알아내지는 못할 것입니다. 인간은 실용적이든 개념적이든 이러한 도구를 사용함으로써 최근 몇 세기 동안 순수한 인간 사고의 한계를 뛰어넘어 물리적 및 계산적 우주^{computational universe}에 존재하는 많은 것을 발견할 수 있었습니다.

1.4.4 임베딩 개념

오늘날의 신경망은 기본적으로 숫자 기반입니다. 따라서 텍스트를 처리하는 데 신경망을 사용하려면 텍스트를 숫자로 표현하는 방법[48]이 필요합니다. 물론 사전에 있는 모든 단어에 숫자를 매기는 것부터 시작할 수도 있습니다. 하지만 챗GPT의 핵심이자 중요한 아이디어는 바로 임베딩^{embedding} 개념입니다. 임베딩은 어떤 것(단어, 이미지 등)의 본질을 숫자의 배열로 표현하는 방법으로, 서로 가까운(유사한) 것은 가까운 숫자로 표현된다는 속성을 가집니다.

예를 들어 단어 임베딩은 일종의 의미 공간^{meaning space}에 단어를 배치하는 것으로, 의미상 가까운 단어끼리 근처에 위치합니다. 챗GPT에서 실제로 사용하는 임베딩은 대량의 숫자 목록입니다. 다음과 같이 2D로 투영하면 임베딩에 의해 단어가 어떻게 배치되는지 볼 수 있습니다.

---

48 https://reference.wolfram.com/language/guide/NetEncoderDecoder.html

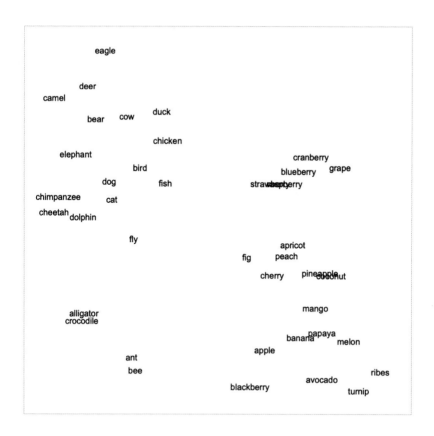

전형적인 일상 표현을 포착하는 데 놀랍도록 효과적입니다. 이런 임베딩은 어떻게 구성할까요? 대량의 텍스트(여기서는 웹에 있는 50억 개의 단어)를 살펴본 다음, 다른 단어가 나타나는 환경이 얼마나 유사한지 확인하는 것이 기본 아이디어입니다. 예를 들어 alligator와 crocodile[49]은 문장에서 거의 같은 의미로 나타나는 경우가 많으므로 임베딩할 때 서로 가까운 곳에 배치됩니다. 하지만 turnip와 eagle[50]은 비슷한 문장에 자주 등장하지 않으므로 임베딩에서 멀리

---

49 옮긴이_ 앨리게이터(alligator)는 주로 미국의 남동부에 서식하는 악어의 한 종류입니다. 크로커다일(crocodile)의 서식지는 전 세계에 걸쳐 분포되어 있습니다. 크로커다일이 앨리게이터보다 색이 진하고 주둥이가 더 뾰족합니다.

50 옮긴이_ turnip의 뜻은 순무이고 eagle은 독수리를 뜻합니다.

떨어져 배치됩니다.

그렇다면 신경망으로 임베딩을 어떻게 구현할까요? 우선, 단어가 아닌 이미지에 대한 임베딩을 살펴봅시다. 비슷하다고 생각되는 이미지에 비슷한 숫자 목록을 할당하는 방식으로 이미지를 표현하고 싶습니다.

이미지가 유사한지 어떻게 알 수 있을까요? 예를 들어 손 글씨로 쓴 숫자 이미지일 경우, 두 이미지의 숫자가 같으면 유사한 이미지로 간주합니다. 앞서 손 글씨 숫자를 인식하도록 훈련한 신경망은 하나의 숫자를 결과로 출력하며 10개의 서로 다른 범주로 이미지를 분류합니다.

하지만 최종적으로 4라는 결정을 내리기 전에 신경망 내부에서 일어나는 일을 가로채면 어떻게 될까요? 신경망 내부에 대부분 4와 비슷하지만 2와 약간 비슷한 것 같은 이미지의 특징을 나타내는 숫자가 있을 수 있습니다. 이러한 숫자를 임베딩의 요소로 사용하는 것이 아이디어입니다.

개념은 이렇습니다. 어떤 이미지가 다른 이미지에 가까운지를 직접 판단하는 대신, 명시적인 학습 데이터를 얻을 수 있는 잘 정의된 작업(이 경우 숫자 인식)을 사용하는 것입니다. 즉, 작업을 수행할 때 신경망이 암묵적으로 얼마나 가까운지 결정한다는 사실을 이용합니다. 따라서 이미지의 근접성에 대해 명시적으로 이야기하지 않고 이미지가 어떤 숫자를 나타내는지 구체적으로 질문한 다음, 신경망에 맡겨 이미지의 근접성을 암묵적으로 결정하는 것입니다.

그렇다면 숫자 인식 신경망은 구체적으로 어떻게 작동할까요? 신경망은 11개의 연속된 층으로 구성됩니다. 이를 다음과 같이 상징적으로 요약할 수 있습니다(활성화 함수는 별도의 층으로 표시했습니다).

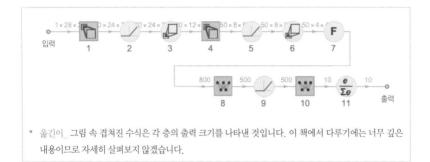

* 옮긴이_ 그림 속 겹쳐진 수식은 각 층의 출력 크기를 나타낸 것입니다. 이 책에서 다루기에는 너무 깊은 내용이므로 자세히 살펴보지 않겠습니다.

첫 번째 층에 2D 배열로 픽셀 값을 표현한 실제 이미지를 주입합니다. 마지막 층에서는 10개의 값 배열이 출력되는데, 이는 이미지가 0부터 9까지의 숫자에 어느 정도 확신하는지 수치로 나타낸 것입니다.

이미지 4를 입력하면 마지막 층의 뉴런의 값은 다음과 같습니다.

$$\{1.42071 \times 10^{-22}, 7.69857 \times 10^{-14}, 1.9653 \times 10^{-16}, 5.55229 \times 10^{-21}, 1.,$$
$$8.33841 \times 10^{-14}, 6.89742 \times 10^{-17}, 6.52282 \times 10^{-19}, 6.51465 \times 10^{-12}, 1.97509 \times 10^{-14}\}$$

즉, 신경망은 이 시점에서 이미지가 4라는 것을 매우 확신합니다. 실제로 4라는 출력을 얻으려면 가장 큰 값을 가진 뉴런의 위치를 골라내면 됩니다.

만약 한 단계 더 일찍 살펴보면 어떨까요? 신경망의 마지막 연산은 신뢰도를 계산하는 소프트맥스^{softmax}[51] 함수입니다. 마지막 연산이 적용되기 전 뉴런의 값은 다음과 같습니다.

$$\{-26.134, -6.02347, -11.994, -22.4684,$$
$$24.1717, -5.94363, -13.0411, -17.7021, -1.58528, -7.38389\}$$

51 https://ko.wikipedia.org/wiki/소프트맥스_함수

4를 나타내는 뉴런이 여전히 수치가 가장 높습니다. 하지만 다른 뉴런의 값에도 정보가 있습니다. 이 숫자 목록은 이미지의 본질을 특징짓는 데 사용할 수 있습니다. 즉, 임베딩으로 사용할 수 있는 특징을 제공하는 겁니다. 예를 들어 다음에 나오는 네 가지 '4'는 각각 약간씩 다른 시그니처^{signature}(또는 특성 임베딩)를 가지며, 8의 특성과는 매우 다릅니다.

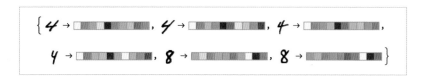

여기서는 기본적으로 10개의 숫자를 사용해 이미지를 특성화하지만, 훨씬 많은 숫자를 사용하면 더 좋습니다. 예를 들어 숫자 인식 신경망에서는 소프트맥스 이전에 있는 층을 활용하면 500개의 숫자 배열을 얻을 수 있습니다. 이 배열은 이미지 임베딩으로 사용하기에 합리적입니다.

손 글씨 숫자의 이 임베딩 공간을 명시적으로 시각화하려면 500차원의 벡터를 3D 공간에 투영시켜 차원을 축소해야 합니다.

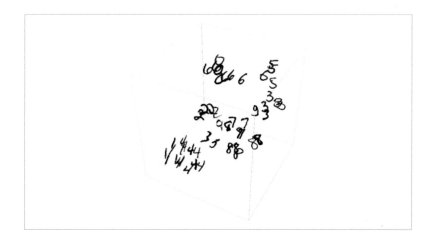

지금까지 훈련 세트 $^{training\ set}$에 있는 손 글씨 숫자의 유사성을 식별함으로써 이미지에 대한 특징(즉, 임베딩)을 생성하는 방법에 대해 이야기했습니다. 만약 각 이미지가 5,000개의 일반적인 물체 유형(고양이, 개, 의자 등) 중 어떤 유형인지 식별하는 훈련 세트가 있다면 훨씬 더 일반적으로 동일한 작업을 수행할 수 있습니다. 이러한 방식으로 물체를 식별해 고정된 이미지 임베딩을 만들고, 신경망의 작동 방식에 따라 이를 일반화할 수 있습니다. 이러한 작동 방식이 사람이 이미지를 인식하고 해석하는 것과 일치한다면 결국 사람에게 옳게 보이는 임베딩이 됩니다. 즉, 실제로 사람이 판단하는 것과 유사한 작업을 수행하는 데 도움이 됩니다.

그렇다면 이런 접근 방식을 활용해 단어에 대한 임베딩은 어떻게 찾을 수 있을까요? 핵심은 쉽게 훈련할 수 있는 작업에서부터 시작하는 것입니다. 여기서 표준이 되는 작업은 '단어 예측'입니다. 'the ___ cat'이란 텍스트가 주어졌다고 가정해봅시다. 대규모 텍스트 말뭉치(예: 웹의 텍스트 콘텐츠)를 기반으로 빈칸을 채울 수 있는 다양한 단어의 확률은 얼마나 될까요? 또는 '___ black ___'이 주어졌을 때 양쪽에 놓일 만한 단어의 확률은 얼마일까요?

이 문제를 신경망으로 어떻게 구성할까요? 궁극적으로 우리는 모든 것을 숫자로 나타내야 합니다. 이를 위한 한 가지 방법은 5만여 개의 영어 단어 각각에 고유 번호를 할당하는 것입니다. 예를 들어 'the'는 914, 단어 앞의 공백을 포함한 'cat'은 3542가 됩니다. 따라서 'the ___ cat' 문제의 경우 입력은 {914, 3542}가 됩니다. 출력은 어떤 형태여야 할까요? 가운데 들어갈 수 있는 단어에 대한 확률을 제공하는 5만 개 정도의 숫자 목록을 출력해야 합니다. 앞선 이미지 예제처럼 여기에서도 임베딩을 얻기 위해 신경망이 결론에 도달하기 직전의 내부 표현을 가로챕니다. 이 시점에서 발생하는 숫자 목록, 즉 각 단어의 특성이라고 생각할 수 있는 숫자를 선택합니다.

이러한 특성들은 어떤 모습일까요? 지난 10년 동안 신경망 기반의 여러 가지 시스템(word2vec, GloVe, BERT, GPT 등)이 개발되었습니다. 모두 단어를 가져와 수백에서 수천 개의 숫자 목록의 특성을 만든다는 공통점이 있습니다.

원시 형태의 임베딩 벡터는 정보가 매우 부족합니다. 예를 들어 다음은 세 개의 특정 단어에 대한 원시 임베딩 벡터로 GPT-2가 생성한 것입니다.

벡터 사이의 거리를 측정하면 단어의 근접성을 찾을 수 있습니다. 임베딩의 인지적 cognitive 중요성에 대해서는 나중에 더 자세히 살펴봅니다. 지금은 단어를 신경망 친화적인 '숫자 모음'으로 변환하는 방법이 있다는 점이 중요합니다.

숫자의 집합으로 단어를 특성화하는 것에서 더 나아가 단어의 시퀀스 또는 전체 텍스트 블록에 대해서도 이 작업을 수행할 수 있습니다. 챗GPT 내부에서는 이러한 방식으로 텍스트를 처리합니다. 챗GPT는 지금까지 얻은 텍스트를 가져와 이를 표현하는 임베딩 벡터를 생성합니다. 그런 다음, 다음에 나타날 수 있는 다양한 단어의 확률을 찾습니다. 그리고 (GPT-2의 경우) 5만 개 정도의 가능한 단어의 각 확률을 나타내는 숫자 목록을 출력합니다.

1.5 챗GPT 내부

이제 챗GPT의 내부를 살펴볼 준비가 되었습니다. 챗GPT는 궁극적으로는 거대한 신경망이며, 현재 1,750억 개의 가중치를 가진 GPT-3 신경망의 한 버전입니다.[52] 여러 면에서 앞서 설명한 다른 신경망과 매우 비슷합니다. 하지만 이 신경망은 특히 언어 처리를 위해 고안된 신경망이며 주목할 만한 특징은 **트랜스포머**^{Transformer}라고 불리는 신경망 아키텍처입니다.

위에서 설명한 첫 번째 신경망에서는 특정 층의 모든 뉴런이 기본적으로 이전 층의 모든 뉴런과 일정한 가중치로 연결됩니다. 하지만 이렇게 완전히 연결된^{fully connected} 신경망은 특정한 구조를 가진 데이터를 다루는 경우에는 과잉일 수 있습니다. 따라서 이미지를 처리하는 초기 단계에서는 이미지의 픽셀과 유사한 그리드^{grid}에 뉴런을 배치하고 이 그리드에서 가까운 뉴런에만 연결하는 이른바 **합성곱 신경망**^{convolutional neural network}(컨브넷^{convnet})을 사용하는 것이 일반적입니다.

트랜스포머는 텍스트를 구성하는 토큰 시퀀스에 대해 어느 정도 유사한 작업을 수행합니다. 하지만 트랜스포머는 단순히 연결이 가능한 시퀀스의 고정된

52　옮긴이_ GPT-3.5 버전으로도 불립니다.

영역을 정의하는 대신, 어텐션^attention이라는 개념을 도입했습니다. 시퀀스의 일부에 다른 부분보다 더 많은 주의를 기울인다는 뜻입니다. 언젠가는 일반적인 신경망으로 시작해서 훈련을 통해 모든 커스터마이징을 수행하게 될지도 모릅니다. 하지만 적어도 현재로서는 트랜스포머, 그리고 아마도 사람의 뇌처럼 무언가를 모듈화하는 것이 실제로는 매우 중요합니다.

그렇다면 챗GPT(또는 그 기반이 되는 GPT-3 신경망)는 실제로 어떤 일을 할까요? 챗GPT의 전반적인 목표는 웹에 있는 수십억 페이지의 텍스트로 훈련해서 얻은 정보를 바탕으로 합리적인 텍스트를 계속 이어나가는 것입니다. 따라서 일정량의 텍스트가 주어지면, 다음에 추가할 토큰을 적절히 선택하는 것이 챗GPT의 목표입니다.

챗GPT는 기본적으로 세 단계로 작동합니다. 먼저, 지금까지의 텍스트에 해당하는 토큰 시퀀스를 가져와 이를 나타내는 임베딩(즉, 숫자 배열)을 찾습니다. 그런 다음 이 임베딩이 신경망의 연속된 층을 통과해 새로운 임베딩(즉, 새로운 숫자 배열)을 생성합니다. 그리고 신경망의 마지막 부분에서 (GPT-2의 경우) 약 5만 개의 값으로 구성된 배열을 다음에 나올 수 있는 토큰에 대한 확률을 변환합니다.

> 📖 NOTE   영어에서 사용되는 일반적인 단어 개수만큼의 토큰이 사용되지만, 토큰 중 약 3천 개만이 완전한 단어이고 나머지는 단어의 일부분입니다.

중요한 점은 이 파이프라인의 모든 부분이 신경망에 의해 구현되며, 가중치는 신경망의 엔드-투-엔드 학습에 의해 결정된다는 것입니다. 즉, 사실상 전체 아키텍처를 제외하고는 명시적으로 설계된 것이 없으며, 모든 것이 훈련 데이터로부터 학습됩니다.

하지만 아키텍처 구성 방식에는 여러 종류의 경험과 신경망 지식을 반영하는 세부 사항이 많습니다. 상당히 복잡한 내용이지만 챗GPT를 구축하는 데 무엇이 필요한지 이해하기 위해 세부 사항 중 일부를 살펴보겠습니다.

먼저 임베딩 모듈을 소개합니다. GPT-2의 임베딩 모듈을 울프럼 언어로 표현하면 다음과 같습니다.

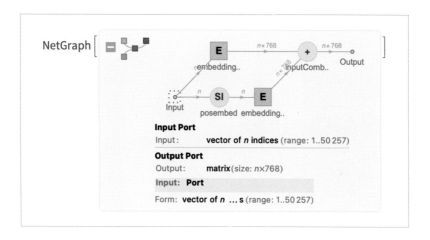

입력은 n개의 토큰 벡터입니다(이전 절에서와 같이 1에서 약 50,000까지의 정수로 표현됨). 이러한 각 토큰은 단일 층 신경망에 의해 임베딩 벡터로 변환됩니다(GPT-2의 경우 768, 챗GPT의 GPT-3의 경우 12,288 길이). 한편, 두 번째 경로에서 토큰의 위치(정수) 시퀀스를 취하고 이 정수로부터 또 다른 임베딩 벡터를 생성합니다. 마지막으로 토큰 값과 토큰 위치에서 구한 임베딩 벡터를 더하여[53] 임베딩 모듈로부터 최종 임베딩 벡터 시퀀스를 생성합니다.

---

53 https://reference.wolfram.com/language/ref/ThreadingLayer.html

토큰 값과 토큰 위치의 임베딩 벡터를 더하는 이유는 무엇일까요? 특별한 과학적 근거가 있지는 않습니다. 다양한 시도 중에서 효과가 있는 방식이 바로 이 방식이었습니다. 어떤 측면에서 신경망의 구성이 대략 옳다면, 신경망의 구조를 공학적인 수준에서 이해할 필요 없이 충분한 훈련을 통해 세부 사항에 집중하는 것이 신경망에 관한 정설입니다.

hello hello hello hello hello hello hello hello hello hello bye bye bye bye bye bye bye bye bye bye 문자열에 대한 임베딩 모듈의 연산은 다음과 같습니다.

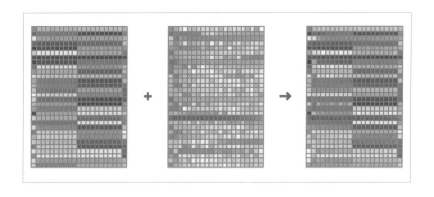

각 토큰에 대한 임베딩 벡터는 하나의 열입니다. 먼저 'hello' 임베딩이 10개의 열에 걸쳐 나타나고 'bye' 임베딩이 그 뒤를 따라 10개의 열에 등장합니다. 두 번째 배열은 위치 임베딩으로 (GPT-2의 경우) 다소 무작위로 보이는 구조를 학습합니다.

임베딩 모듈 다음에는 트랜스포머의 핵심 구성 요소인 어텐션 블록이 연달아 나옵니다(GPT-2의 경우 12개, 챗GPT의 GPT-3의 경우 96개). 이 구조는 매우 복잡하며 이해하기 어려운 대규모 공학 시스템이나 생물학적 시스템을 연상시킵니다. 다음은 (GPT-2의) 어텐션 블록 하나를 개략적으로 표현한 것입니다.

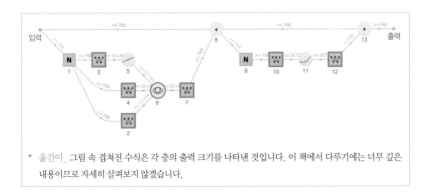

* 옮긴이_ 그림 속 겹쳐진 수식은 각 층의 출력 크기를 나타낸 것입니다. 이 책에서 다루기에는 너무 깊은 내용이므로 자세히 살펴보지 않겠습니다.

각 어텐션 블록에는 어텐션 헤드^{head}의 모음(GPT-2의 경우 12개, 챗GPT의 GPT-3의 경우 96개)이 있습니다. 각 어텐션 헤드는 독립적으로 임베딩 벡터를 적용합니다.

> 📝 **NOTE**   어텐션 헤드를 여러 개 사용하면 좋은 특별한 이유나 임베딩 벡터의 각 부분이 의미하는 바를 알지는 못합니다. 단지 효과가 있다고 밝혀진 것 중 하나일 뿐입니다.

어텐션 헤드는 어떤 역할을 할까요? 기본적으로 토큰의 순서(즉, 지금까지 생성된 텍스트)를 되돌아보고, 다음 토큰을 찾는 데 유용한 형태로 이전 텍스트를 변환합니다. 1.2절에서는 2-그램 확률을 사용해 바로 앞의 단어를 기반으로 단어를 선택하는 방법을 설명했습니다. 트랜스포머의 어텐션 메커니즘은 훨씬 앞에 놓인 단어에도 주의를 기울일 수 있습니다. 예를 들어 한 문장에서 여러 단어 앞에 있는 명사를 동사가 참조할 수 있습니다.[54]

54   옮긴이_ 트랜스포머 모델에 입력할 수 있는 최대 토큰 수를 문맥 길이(context length)라고 합니다. 현재 GPT-3.5에는 최대 약 16,000개의 토큰을 입력할 수 있고 GPT-4에는 최대 약 32,000개의 토큰을 입력할 수 있습니다.

좀 더 세부적으로 보면 어텐션 헤드는 서로 다른 토큰의 임베딩 벡터를 특정 가중치로 재결합합니다. 예를 들어 (GPT-2에서) 첫 번째 어텐션 블록에 있는 12개의 어텐션 헤드는 'hello, bye' 문자열에 대해 다음과 같이 토큰 시퀀스의 처음 부분까지 되돌아보는 가중치 패턴을 갖습니다.

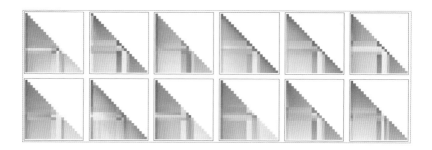

어텐션 헤드에 의해 처리되어 가중치가 다시 부여된 임베딩 벡터(GPT-2의 경우 길이 768, 챗GPT의 GPT-3의 경우 길이 12,288)는 표준적인 완전 연결 층을 통과합니다. 이 층이 하는 일을 파악하기는 어렵습니다. 다음은 (GPT-2에 있는) 층의 가중치인 768×768 크기 행렬을 그림으로 나타냈습니다.

64×64 이동 평균$^{moving\ average}$[55]을 사용하면 랜덤 워크$^{random\ walk}$[56]와 같은 구조가 나타납니다.

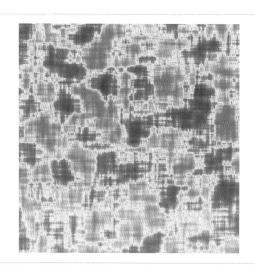

이 구조를 결정하는 것은 무엇일까요? 언어의 특징을 신경망으로 인코딩한 것으로 추정합니다만 현재로서는 그 특징이 무엇인지는 아직 밝혀지지 않았습니다. 우리는 지금 챗GPT(또는 적어도 GPT-2)의 뇌를 열어보고 있습니다. 내부가 복잡하고 이해할 수는 없지만 GPT는 인식 가능한 인간 언어를 생성하고 있습니다.

하나의 어텐션 블록을 통과한 후 새로운 임베딩 벡터가 생겼고, 이 벡터는 추가 어텐션 블록(GPT-2의 경우 총 12개, GPT-3의 경우 96개)을 연속적으로 통과합니다. 각 어텐션 블록에는 고유한 어텐션과 완전 연결 가중치가 있습니

---

55 옮긴이_ 이동 평균은 전체 데이터에서 일부 데이터의 평균을 연속으로 계산하여 분석하는 방법입니다.

56 옮긴이_ 무작위 행보라고도 부르며 임의의 방향으로 연속으로 이동하는 움직임을 나타내는 수학적 개념입니다.

다. GPT-2의 경우 첫 번째 어텐션 헤드인 'hello, bye' 입력에 대한 어텐션 가중치는 다음과 같습니다.

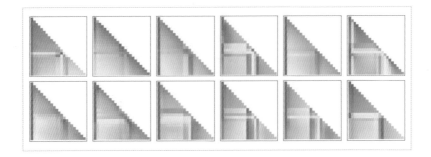

다음은 완전 연결 층의 이동 평균한 가중치 행렬입니다.

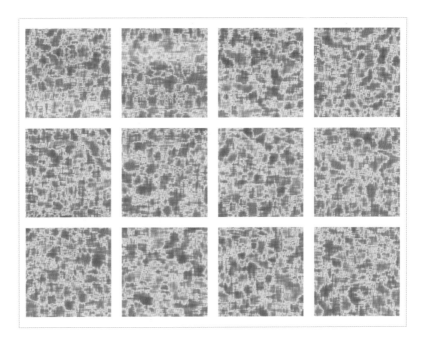

흥미롭게도 서로 다른 어텐션 블록의 가중치 행렬은 매우 비슷해 보이지만 가중치 크기의 분포는 다소 다릅니다(항상 가우스 분포 $^{Gaussian\ distribution}$는 아님

니다).

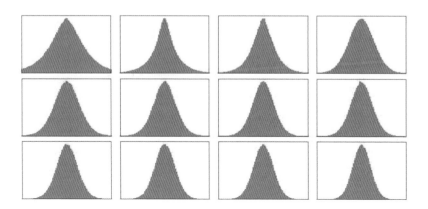

그렇다면 이 모든 어텐션 블록을 통과한 트랜스포머의 최종 결과는 무엇일까요? 토큰 시퀀스에 대한 원본 임베딩 벡터의 시퀀스를 최종 벡터의 시퀀스로 변환하는 것입니다. 그리고 챗GPT가 작동하는 특별한 방식은 이 벡터 시퀀스를 사용해 다음에 올 토큰에 대한 확률 목록을 생성하는 것입니다.

지금까지 챗GPT 내부를 간략하게 설명했습니다. 엔지니어링 수준에서 임의적인 선택이 많아 복잡해 보일 수 있지만, 기본적인 요소는 놀라울 정도로 간단합니다. 결국 우리가 다루는 것은 인공 뉴런으로 구성된 신경망이며, 각 뉴런은 숫자 입력 배열에 특정 가중치를 곱하는 간단한 연산을 수행합니다.

챗GPT의 원래 입력은 숫자 배열(토큰의 임베딩 벡터)입니다. 챗GPT가 새로운 토큰을 생성하려면 입력된 숫자가 신경망의 층을 통과하고, 각 뉴런이 작업을 수행하고, 결과를 다음 층의 뉴런에 전달합니다. 루프나 되돌아가는 것이 없습니다. 모든 데이터는 신경망을 통해 앞으로만 전달됩니다.

동일한 계산 구성 요소로 결과를 반복적으로 다시 처리하는 튜링 기계 같은 일반적인 계산 시스템과는 매우 다른 설정입니다. 챗GPT는 주어진 출력 토큰을 생성할 때 각 계산 요소(즉, 뉴런)를 한 번만 사용합니다.

하지만 챗GPT에서도 계산 요소를 재사용하는 외부 루프가 여전히 존재합니다. 챗GPT가 새로운 토큰을 생성할 때, 챗GPT 자체가 이전에 생성한 토큰을 포함해 전체 토큰 시퀀스를 항상 읽기 때문입니다(즉, 입력으로 사용합니다). 이러한 설정으로 인해 챗GPT를 외형적인 수준에서 살펴봤을 때 피드백 루프를 포함한다고 생각할 수 있습니다. 사실 생성 텍스트에 있는 토큰이 반복을 명시적으로 드러내고 있는 셈입니다.

챗GPT의 핵심으로 돌아가보죠. 각 토큰을 생성할 때 신경망을 반복해서 사용합니다. 어떤 면에서 이 신경망은 매우 단순합니다. 즉, 동일한 인공 뉴런의 집합이죠. 일부 신경망은 특정 층의 모든 뉴런이 이전 층의 모든 뉴런에 가중치로 연결되는 '완전히 연결된 뉴런 층'으로만 구성됩니다. 하지만 챗GPT는 트랜스포머 아키텍처를 사용해 서로 다른 층에 있는 특정 뉴런에만 연결되는 다양한 구조로 구성됩니다.

> 📝 NOTE   모든 뉴런이 연결되어 있다고 말할 수도 있지만, 일부 뉴런은 가중치가 0입니다.

챗GPT의 신경망에는 단순히 동일한 층으로만 구성되어 있다고 생각하기 어려운 측면도 있습니다. 예를 들어 앞서 살펴봤듯이 어텐션 블록 내부에는 들어오는 데이터를 여러 번 복사한 다음 각각 다른 처리 경로를 거치고, 층의 개수가 다르고, 나중에 재결합하는 곳이 있습니다. 내부 작동을 간편하게 표현한 것일 수 있지만, 원칙적으로는 완전 연결 층이라 생각할 수 있습니다. 하지만 일부 가중치는 0이 될 수 있습니다.

챗GPT를 통과하는 가장 긴 경로를 살펴보면 관련된 핵심 층이 약 400개입니다. 엄청난 수는 아니지만 여기에 수백만 개의 뉴런이 있으며, 총 1,750억 개의 연결, 즉 1,750억 개의 가중치가 있습니다. 한 가지 알아두어야 할 점은 챗GPT가 새로운 토큰을 생성할 때마다 이러한 가중치를 모두 포함해 계산을 수행해야 한다는 것입니다. 이러한 계산은 GPU에서 편리하게 수행할 수 있는 고도의 병렬 배열 연산으로 조직화할 수 있습니다. 하지만 토큰이 생성될 때마다 여전히 1,750억 번의 계산을 수행해야 하므로 챗GPT로 긴 텍스트를 생성하는 데 시간이 걸리는 것은 당연합니다.

놀라운 점은 이 모든 작업이 개별적으로는 매우 간단하지만 어떻게든 합쳐져 텍스트를 훌륭히 생성한다는 것입니다. 다시 한번 강조하지만, 적어도 우리가 아는 한 이와 같은 방식이 작동해야 하는 궁극적인 이론은 없습니다. 사실, 챗GPT 같은 신경망을 통해 사람의 뇌가 언어를 생성하는 본질을 포착할 수 있다는 것은 잠재적으로 놀라운 과학적 발견입니다.

1.6 챗GPT 훈련

지금까지 챗GPT가 어떻게 작동하는지 살펴봤습니다. 하지만 어떻게 훈련되었을까요? 신경망에 있는 1,750억 개의 가중치는 모두 어떻게 결정되었을까요? 챗GPT는 웹, 책 등 인간이 작성한 방대한 텍스트 말뭉치를 기반으로 대규모 훈련을 한 결과입니다. 앞서 말했듯이 모든 훈련 데이터를 감안하더라도 신경망이 인간처럼 텍스트를 성공적으로 생성할 수 있을지는 분명하지 않습니다. 여기에서도 이를 실현하기 위한 세부적인 엔지니어링이 필요합니다. 하지만 챗GPT의 가장 큰 놀라움이자 발견은 텍스트 생성이 가능하다는 것입니다. 1,750억 개의 가중치로 구성된 신경망이 사람이 쓴 것 같은 텍스트를 위한 합리적인 모델을 만들 수 있습니다.

현대에는 인간이 작성한 수많은 텍스트가 디지털 형태로 세상에 나와 있습니다. 공개된 웹에는 사람이 작성한 페이지가 최소 수십억 개에 달하며, 모두 합치면 1조 단어에 달하는 텍스트가 있습니다. 공개되지 않은 웹 페이지까지 포함하면 그 수는 최소 100배 이상 늘어납니다. 지금까지 출판된 1억여 권의 책 중 500만 권 이상의 책이 디지털화되었으며, 약 1천억 개의 단어가 있습니다. 동영상 등의 음성에서 파생된 텍스트는 말할 것도 없습니다.

> 📖 **NOTE** 개인적으로 비교하자면, 필자가 평생 출판한 자료의 총 생산량은 300만 단어가 조금 안 됩니다. 지난 30년 동안 약 1천5백만 단어의 이메일을 작성했으며, 총 5천만 단어를 타이핑했고, 지난 몇 년 동안 라이브스트림에서 1천만 단어 이상을 말했습니다. 이 모든 것을 사용해 에이전트를 학습시킬 수 있습니다.

그럼 이 모든 데이터로 신경망을 어떻게 훈련시킬까요? 기본 프로세스는 앞서 간단한 예시로 설명한 것과 매우 유사합니다. 샘플의 배치를 신경망에 주입한 다음 신경망이 샘플에서 만드는 오류(손실)를 최소화하도록 신경망의 가중치를 조정합니다. 오류를 역전파^{backpropagation}할 때마다 신경망의 모든 가중치가 조금씩 변경됩니다. 하지만 이렇게 처리해야 할 가중치가 너무 많아 비용이 많이 듭니다(역방향 계산은 순방향 계산보다 조금 어려운 계산에 불과합니다).

최신 GPU 하드웨어를 사용하면 샘플 수천 개로 구성된 배치를 병렬로 계산하여 결과를 쉽게 얻을 수 있습니다. 하지만 현재 방법으로 실제 신경망의 가중치를 업데이트하려면 배치별로 이 작업을 수행해야 합니다. 이런 관점에서 계산과 메모리 요소가 결합된 실제 뇌가 아키텍처적으로 유리해 보이네요.

앞서 설명한 간단한 숫자 함수 학습에서도 신경망을 성공적으로 훈련하려면 처음부터 수백만 개의 샘플을 사용해야 했습니다. 그렇다면 사람의 언어 모델을 훈련하려면 얼마나 많은 샘플이 필요할까요? 이론으로 알 수 있는 방법은 없습니다. 다만 챗GPT는 단어 수천억 개를 사용해 성공적으로 훈련했습니다.

어떤 텍스트는 여러 번, 어떤 텍스트는 한 번만 입력되었습니다. 하지만 어떻게든 챗GPT는 입력된 텍스트에 필요한 다음 텍스트를 얻었습니다. 학습해야 할 텍스트의 양이 이렇게나 방대하다면, 얼마나 큰 신경망이 필요할까요? 다시 말하지만, 아직 근본적인 이론은 없습니다. 잠시 후 자세히 설명하겠지만 궁극적으로 인간의 언어와 인간이 이를 사용해 말하는 방식에는 '알고리즘'에 해당하는 특정한 요소가 있을 것입니다. 신경망이 그 알고리즘 요소를 기반으로 모델을 구현하면 얼마나 효율적인지 궁금합니다. 아직 확실하지는 않지만, 챗GPT의 성공은 상당히 효율적임을 시사합니다.

챗GPT는 주어진 훈련 데이터의 총 단어 수(또는 토큰 수)와 비슷한 수천억 개의 가중치를 사용해 작업을 수행합니다. 작은 챗GPT 버전에서도 직접 관찰했지만 잘 작동하는 신경망의 크기가 훈련 데이터의 크기와 비슷하다는 놀라운 사실도 발견했습니다. 무엇보다도 웹과 책 등에 있는 모든 텍스트가 챗GPT 내부에 직접 저장되어 있는 것은 분명 아닙니다. 챗GPT 내부에 실제로 있는 것은 10자리 미만의 정밀도로 모든 텍스트의 총체적인 구조를 분산 인코딩한 일련의 숫자입니다.

인간 언어의 실질적인 정보는 무엇일까요? 우리는 어떤 말을 하는 걸까요? 언어 샘플을 담은 원시 말뭉치가 있고, 챗GPT 신경망에 있는 '표현'이 있습니다. 이 표현은 알고리즘적으로 최소인 표현과는 거리가 멀 가능성이 매우 높습니다. 하지만 신경망에서는 쉽게 사용할 수 있는 표현입니다. 이 표현은 압축이 거의 안 된 훈련 데이터입니다. 평균적으로 훈련 데이터에 있는 한 단어의 정보를 전달하려면 필요한 신경망 가중치 하나보다 약간 적은 양만 필요합니다.

챗GPT를 실행해 텍스트를 생성할 때는 각 가중치를 한 번씩만 사용해야 합니다. 따라서 n개의 가중치가 있다면 수행할 계산 단계가 n에 비례하며 늘어납니다. 실제로는 대부분 GPU에서 병렬로 수행됩니다. 하지만 이러한 가중치를 찾기 위해 n개 단어로 구성된 훈련 데이터가 필요하다면, 위에서 언급한 내용을 바탕으로 신경망 훈련에 n^2 정도의 계산 단계가 필요하다는 결론을 내릴 수 있습니다. 이것이 바로 현재 방법으로는 수십억 달러의 훈련 비용이 발생하는 이유입니다.

1.6.1 기본 훈련을 넘어

챗GPT의 훈련 비용 대부분은 웹, 책 등에 있는 대량의 텍스트를 신경망에 보여주기 위해 듭니다. 하지만 또 다른 중요한 부분이 있습니다.

원본 텍스트 말뭉치를 사용해 훈련을 마치면 챗GPT 내부의 신경망은 프롬프트를 이어서 텍스트를 생성할 준비를 합니다. 이런 방식의 결과물은 종종 합리적일 수 있지만, 긴 텍스트일 경우 사람이 쓴 것 같지 않게 방황하는 경향이 있습니다. 전통적인 텍스트 통계 분석으로는 이런 현상을 쉽게 감지할 수 없습니다. 하지만 실제 텍스트를 읽는 사람은 쉽게 알아챌 수 있는 부분입니다.

챗GPT 구축의 한 가지 핵심 아이디어[57]는 웹에서 데이터를 수동적으로 읽는 것에서 한 걸음 더 나아갑니다. 실제 사람이 챗GPT와 능동적으로 상호작용하면서 챗GPT가 무엇을 생성하는지 확인하고, 좋은 챗봇이 되는 방법에 대한 피드백을 주는 것이죠. 그렇다면 신경망은 이 피드백을 어떻게 활용할 수 있을까요? 첫 번째 단계는 사람이 신경망의 결과를 평가하는 것입니다. 그런 다음 이러한 평가를 예측하기 위해 또 다른 신경망 모델을 구축합니다. 그다음 원래의 신경망에서 이 예측 모델을 손실 함수처럼 사용합니다. 사실상 사람의 피드백에 따라 신경망을 조정하는 셈입니다. 실제로 이 방식은 시스템이 사람이 쓴 것과 같은 결과물을 만들어내는 데 큰 영향을 미쳤습니다.

원래 학습된 신경망을 유용한 특정 방향으로 움직이기 위해서는 어느 정도의 변경이 필요할까요? 신경망이 새로운 것을 학습한 것처럼 작동하게 하려면 훈련 알고리즘을 실행하고 가중치를 조정하는 등의 작업이 필요하다고 생각했을 것입니다.

하지만 그렇지 않습니다. 사용자가 입력 프롬프트를 통해 한 번만 알려주면 챗GPT는 텍스트를 생성할 때 사용자가 말한 내용을 성공적으로 활용합니다. 다시 한번 말하지만, 이런 방식이 가능하다는 사실은 챗GPT가 실제로 무엇을 하는지, 그리고 그것이 인간의 언어 및 사고 구조와 어떻게 관련되어 있는지 이해하는 데 중요한 단서가 됩니다.

챗GPT는 인간과 닮은 구석이 있습니다. 사전 훈련을 수행하고 나면 한 번 말한 내용을 기억합니다. 이를 이용해 텍스트를 생성할 수 있을 만큼 충분히 오래 기억하죠. 그렇다면 다음과 같이 생각해보면 어떨까요? 우리가 말할 수 있

---

57 https://openai.com/blog/instruction-following

는 모든 것이 이미 어딘가에 있고, 우리는 단지 올바른 위치로 안내하는 것일 수 있습니다. 하지만 그럴듯해 보이지는 않네요. 그보다 더 가능성이 높은 것은 이미 어딘가에 요소가 있고, 구체적인 내용은 요소 사이의 궤적(경로)으로 정의된다고 보는 것입니다. 이게 바로 우리가 무언가를 말할 때 드러나는 것입니다.

인간과 마찬가지로 인공지능에게 기존에 알고 있는 프레임워크에 전혀 맞지 않는 기괴하고 예상치 못한 내용을 알려주면 인공지능은 이를 성공적으로 통합할 수 없습니다. 이미 가지고 있는 프레임워크 위에 아주 간단한 방식으로 얹을 때만 통합이 가능합니다.

신경망이 포착할 수 있는 것에는 필연적으로 알고리즘적 한계가 있다는 점을 다시 한번 지적할 필요가 있습니다. '이것은 저것으로 간다' 등의 얕은 규칙을 알려주면 신경망은 이를 잘 표현하고 재현할 가능성이 높습니다. 즉, 언어로부터 배운 것을 통해 즉각적으로 따를 수 있는 패턴을 제공합니다. 하지만 계산적으로 환원할 수 없고 여러 단계를 거쳐야 하는 복잡한 계산에 대한 규칙을 제공하면 작동하지 않을 것입니다.

> 📝 NOTE   신경망은 각 단계에서 항상 새로운 토큰을 생성하는 것 외에는 절대 반복하지 않고, 데이터를 앞으로 전달할 뿐이라는 점을 기억하세요.

물론 신경망은 환원 불가능한 특정 계산에 대한 답을 학습할 수 있습니다. 하지만 가능성의 조합 수가 많아지면 이러한 테이블 룩업 table lookup 스타일의 접근 방식은 작동하지 않습니다. 따라서 인간처럼 신경망도 실제 계산 도구를 사용해야 합니다.

NOTE　언어 모델 신경망과 마찬가지로 세상의 사물에 대해 논하도록 구축된 울프
럼 알파[58]와 울프럼 언어[59]를 활용하면 매우 적합합니다.

1.7 챗GPT 작동 원리

인간의 언어와 이를 생성하는 사고 과정은 최고로 복잡한 일처럼 보입니다. 그
리고 실제로 약 1천억 개의 뉴런과 약 100조 개의 연결로 이루어진 인간의 뇌
가 이를 담당한다는 사실은 매우 놀랍습니다. 어쩌면 뇌에는 뉴런 사이의 연결
보다 더 많은 무언가, 즉 아직 밝혀지지 않은 새로운 물리적인 층이 존재할지
도 모릅니다. 하지만 이제 챗GPT를 통해 뇌의 뉴런 수만큼 많은 연결을 가진
인공 신경망이 인간 언어를 생성하는 데 놀랍도록 뛰어난 능력을 발휘한다는
중요하고도 새로운 정보를 얻었습니다.

이 시스템은 현존하는 텍스트의 단어 개수만큼이나 많은 신경망 가중치를 가
진 거대하고 복잡한 시스템입니다. 언어의 풍부함과 언어가 이야기할 수 있는
모든 것을 이렇게 유한한 시스템에 담을 수 있다는 사실은 여전히 믿기 어렵습
니다. 이러한 현상의 일부는 기본 규칙이 단순하더라도 계산 과정이 시스템의
복잡성을 크게 증폭시킬 수 있다는 유비쿼터스ubiquitous 현상(규칙rule 30[60]에서
처음 발견되었습니다)을 반영하는 것임에 틀림없습니다. 하지만 앞에서 설명

58　https://www.wolframalpha.com

59　https://www.wolfram.com/language

60　옮긴이_ 규칙 30은 저자가 발견한 셀룰러 오토마타 중 하나로 단순한 규칙에서 흥미롭고 복잡한 패턴을
　　생성해냅니다.

한 것처럼 챗GPT에 사용하는 신경망은 손쉬운 훈련을 위해 유비쿼터스 현상의 영향과 이와 관련된 계산적 환원 불가능성을 제한하도록 특별히 구축되었습니다.

그렇다면 챗GPT가 어떻게 언어 분야에서 이 정도까지 발전할 수 있었을까요? 언어는 생각보다 단순합니다. 따라서 단순한 신경망 구조를 가진 챗GPT가 인간 언어와 그 이면에 있는 사고의 본질을 성공적으로 포착할 수 있었습니다. 게다가 챗GPT는 학습 과정에서 이를 가능하게 만드는 언어(및 사고)의 규칙성을 암묵적으로 발견해냈습니다.

챗GPT의 성공은 근본적이고 중요한 과학의 증거를 제시하고 있습니다. 즉, 우리가 발견해야 할 새로운 언어의 법칙과 사고의 법칙이 존재할 수 있다는 것을 시사합니다. 신경망으로 구축된 챗GPT에서는 이러한 법칙이 기껏해야 암묵적으로만 존재합니다. 하지만 이러한 법칙을 어떻게든 명시적으로 만들 수 있다면 챗GPT가 하는 일을 훨씬 더 직접적이고 효율적이며 투명한 방식으로 수행할 수 있습니다.

그렇다면 이 법칙은 어떤 모습일까요? 우리가 말하는 언어가 어떻게 조합되는지에 대한 일종의 처방을 이 법칙이 제시해야 합니다. 이에 대한 힌트를 얻기 위해 챗GPT의 내부를 들여다보는 방법과 계산 언어를 만들면서 알게 된 정보는 나중에 더 자세히 설명하겠습니다. 먼저 오래전부터 알려진 언어의 법칙 두 가지를 설명하고 챗GPT의 작동과 어떻게 연관되는지 살펴보겠습니다.

첫 번째는 언어의 구문^{syntax}입니다. 언어는 단순히 단어들이 무작위로 뒤섞여 있는 것이 아닙니다. 대신 서로 다른 종류의 단어가 어떻게 조합될 수 있는지에 대한 상당히 명확한 문법 규칙이 있습니다. 예를 들어 영어에서는 명사 앞에 형용사가 오고 동사가 올 수 있지만, 일반적으로 두 개의 명사가 바로 옆에 올 수는 없습니다. 이러한 문법 구조는 파스 트리$^{parse\ tree}$[61]를 정의하는 일련의 규칙으로 표현할 수 있습니다.

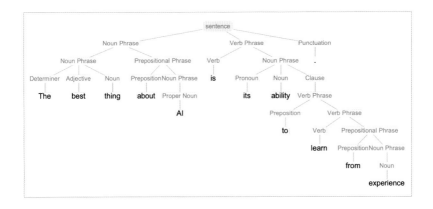

챗GPT는 문법 규칙과 관련된 지식을 가지고 있지 않습니다. 하지만 훈련 과정에서 암묵적으로 이러한 규칙을 발견하고 스스로 따르고 있습니다. 어떻게 가능한 걸까요? 고수준에서는 명확하지 않지만 훨씬 간단한 예를 살펴보면 이해할 수 있습니다.

'('와 ')'의 시퀀스로 구성된 언어가 있고, 다음 파스 트리처럼 괄호가 항상 균형을 이루는 문법을 가진다고 가정해보겠습니다.

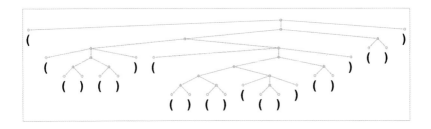

61 https://reference.wolfram.com/language/ref/TextStructure.html

문법적으로 올바른 괄호 시퀀스를 생성하도록 신경망을 훈련할 수 있을까요? 신경망에서 시퀀스를 처리하는 방법에는 여러 가지가 있지만, 챗GPT처럼 트랜스포머 신경망을 사용해보겠습니다. 간단한 트랜스포머 신경망을 만들고 문법적으로 올바른 괄호 시퀀스를 훈련 샘플로 제공합니다. 실제로 챗GPT의 인간 언어 생성에도 나타나는 한 가지 미묘한 점은 콘텐츠 토큰(여기서는 '('와 ')'입니다) 외에도 출력이 더 이상 계속되지 않아야 함을 나타내는 'End' 토큰을 포함해야 한다는 것입니다(즉, 챗GPT의 경우 이야기의 끝에 도달했음을 나타냅니다).

헤드 8개를 가진 어텐션 블록 한 개(챗GPT는 96개의 헤드를 가진 어텐션 블록 96개를 사용합니다)와 길이가 128인 특성 벡터로 트랜스포머 신경망을 구성하면 괄호 언어를 잘 학습하지 못합니다. 하지만 어텐션 블록 두 개를 사용하고 샘플을 1천만 개 정도 제공하면 학습 과정이 수렴하는 것처럼 보입니다. 그리고 트랜스포머 신경망에서 흔히 보듯이 더 많은 샘플을 보여주면 성능이 저하되기 시작합니다.[62]

학습시킨 신경망을 사용해 챗GPT처럼 괄호 시퀀스를 입력하고 다음 토큰에 대한 확률을 물어보면 다음과 같은 결과를 얻을 수 있습니다.

((( ) ( ) (			((( ) ( )))		
	(	46%		(	51%
	)	54%		)	15%
	End	0.038%		End	34%

첫 번째 경우, 신경망은 시퀀스가 여기서 끝날 수 없다고 확신합니다. 만약 시

---

62 옮긴이_ 신경망을 오래 훈련하면 훈련 데이터에는 잘 맞지만 실제 사용했을 때 성능이 나빠지기 시작하는 지점이 있습니다.

90　스티븐 울프럼의 챗GPT 강의

퀀스가 이렇게 끝난다면 괄호가 불균형하게 남기 때문입니다. 하지만 두 번째 경우에는 시퀀스가 여기서 끝날 수 있다는 것을 올바르게 인식합니다. 하지만 '('를 사용해 다시 시작할 수 있다는 것도 나타냈습니다. 그다음에는 ')'가 뒤따를 수 있습니다. 하지만 40만 개 정도의 가중치를 힘들게 훈련했음에도 불구하고 다음 토큰으로 ')'가 나올 확률이 15%나 되네요. 이는 괄호의 불균형을 초래할 수 있기 때문에 옳지 않습니다.

신경망에 점점 더 긴 '(' 시퀀스에 대해 가장 높은 확률을 가진 토큰을 요청하면 다음과 같은 결과를 얻습니다.

```
( )
(( ))
((( )))
(((( ))))
((((( )))))
(((((( ))))))
((((((( )))))))
(((((((( ))))))))
((((((((( )))))))))
(((((((((( ))))))))))
((((((((((( )))))))))) ()        (불균형)
(((((((((((( ))))))))))          (불균형)
((((((((((((( )))))))))))) ()
(((((((((((((( )))))))))))) ())
((((((((((((((( ))))))))))))
(((((((((((((((( )))))))))))))) ())        (불균형)
((((((((((((((((( )))))))))))))))          (불균형)
(((((((((((((((((( ))))))))))))))))
((((((((((((((((((( )))))))))))))))))
(((((((((((((((((((( )))))))))))))))))) ()
```

특정 길이까지는 신경망이 잘 작동하지만 점점 실패하기 시작합니다. 이처럼 정밀한 상황에서 신경망(또는 일반적으로 머신러닝)을 사용할 때 흔히 나타나는 현상입니다. 사람이 한눈에 알아볼 수 있다면 신경망도 해결할 수 있습니다. 하지만 괄호가 닫혀 있는지 확인하기 위해 괄호를 세는 일처럼 조금 더 알고리즘적인 작업을 수행해야 하는 경우에는 신경망이 계산적으로 너무 얕아 안정적으로 수행하기 어렵습니다.

> 📝 NOTE 참고로 최신 챗GPT조차도 긴 시퀀스에서 괄호를 정확하게 일치시키는 데 어려움을 겪습니다.

그렇다면 챗GPT나 영어에서 언어의 문법은 무엇을 의미할까요? 괄호 언어는 엄격한 알고리즘에 가깝습니다. 하지만 영어는 훨씬 더 현실적이며 현재 선택한 단어와 힌트를 바탕으로 문법적으로 무엇이 맞는지 추측할 수 있습니다. 물론 신경망도 문법을 실수하는 경우도 있지만, 이런 부분에 있어서는 사람보다 훨씬 뛰어납니다. 하지만 중요한 점은 언어에 전반적인 구문 구조와 규칙성이 있다는 사실 때문에 신경망이 학습해야 하는 양이 줄어든다는 것입니다. 챗GPT 같은 신경망의 트랜스포머 아키텍처는 모든 인간 언어에 존재하는 중첩 트리 같은 구문 구조를 어느 정도 성공적으로 학습할 수 있습니다.

언어에는 여러 제약이 있습니다. 그중 하나가 문법입니다. 'Inquisitive electrons eat blue theories for fish'[63]와 같은 문장은 문법적으로는 맞지만 좋은 문장은 아닙니다. 챗GPT가 이 문장을 생성해도 성공이라고 볼 수 없습니다. 문장에 포함된 단어의 의미를 생각해보면 무의미한 문장이기 때문입니다.

그렇다면 의미 있는 문장인지 확인하는 방법이 있을까요? 이를 확인할 수 있는 일반적인 이론은 없습니다. 하지만 챗GPT는 웹 등에서 의미 있는 것으로 추정되는 문장 수십억 개를 학습한 후 암묵적으로 이론을 개발했다고 볼 수

---

63 옮긴이_ 이 문장을 번역하면 '호기심 많은 전자는 물고기에 대한 청색 이론을 먹는다'입니다.

있습니다.

이 이론은 어떤 것일까요? 2천 년 동안 알려진 작은 이론이 하나 있는데, 바로 **논리**입니다. 아리스토텔레스가 발견한 삼단논법^{syllogistic}에서 논리는 '특정 패턴을 따르는 문장은 합리적이지만 그렇지 않은 문장은 합리적이지 않다고 말하는 도구'입니다. 예를 들어 '모든 X는 Y이다. 이것은 Y가 아니므로 X가 아니다'라고 말하는 것은 합리적입니다(예: '모든 물고기는 파란색이다. 이것은 파란색이 아니므로 물고기가 아니다'). 누군가는 아리스토텔레스가 수많은 수사학의 예시를 통해 (머신러닝 방식으로) 삼단논법을 발견했다고 엉뚱하게 상상할 수 있습니다. 이처럼 챗GPT도 웹의 수많은 텍스트를 통해 삼단논법을 발견했을 수 있습니다.

> 📄 NOTE   챗GPT가 삼단논법을 기반으로 올바른 추론을 포함하는 텍스트를 생성하리라 기대할 수 있지만, 좀 더 정교한 형식 논리로 가면 이야기가 완전히 달라집니다. 괄호 일치에서 실패했던 이유와 동일한 이유로 여기에서도 실패할 것입니다.

논리에 대한 협소한 예를 넘어, 그럴듯하고 의미 있는 텍스트를 체계적으로 구성(또는 인식)하는 방법에는 어떤 것이 있을까요? Mad Libs[64]처럼 매우 구체적인 구문 템플릿을 사용할 수도 있습니다. 하지만 챗GPT에는 암묵적으로 훨씬 더 일반적인 방법이 있습니다. 다만 1,750억 개의 신경망 가중치가 있을 때 가능하다는 것 외엔 말할 수 있는 것이 없습니다. 하지만 필자는 훨씬 더 간단하고 강력한 이야기가 있다고 생각합니다.

---

64 https://en.wikipedia.org/wiki/Mad_Libs

1.8 의미 공간과 의미론적 운동 법칙

챗GPT 내부에서 모든 단어는 일종의 언어 특성 공간linguistic feature space에 있는 한 점의 좌표, 즉 숫자 배열로 표현된다고 앞에서 설명했습니다. 따라서 챗GPT가 텍스트를 이어가는 것은 언어 특성 공간에서 궤적을 따라가는 것과 같습니다. 이 궤적이 의미 있는 텍스트로 연결된 이유는 무엇일까요? 언어 특성 공간의 점들이 의미를 유지하면서 어떻게 움직이는지를 정의하거나 제한하는 일종의 의미론적 운동 법칙이 있을까요?

언어 특성 공간은 어떤 모습일까요? 다음은 2D로 투영한 언어 특성 공간에서 개별 단어(여기서는 보통명사)가 어떻게 배치되는지 보여주는 예시입니다.

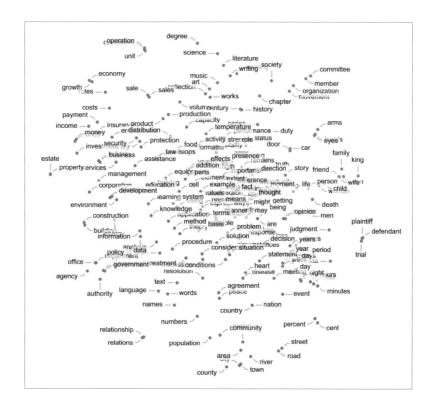

앞에서 식물과 동물을 나타내는 단어로 만든 예시를 보았습니다. 두 경우 모두 의미론적으로 유사한 단어가 가까이 배치된다는 점이 중요합니다.

다른 예로 품사에 따라 단어를 배치하면 다음과 같습니다.

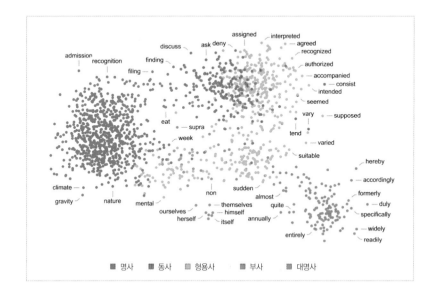

단어에 한 가지 의미만 있지는 않습니다. 반드시 한 품사에만 해당하지도 않고 요. 단어가 포함된 문장이 특성 공간에 어떻게 배치되어 있는지 살펴보면, 다음 'crane'처럼 여러 가지 의미로 나타날 수 있습니다.[65]

---

65   옮긴이_ 그림의 상단은 crane이 '학(두루미)'으로 사용된 경우고 하단은 '기중기'로 사용된 경우입니다.

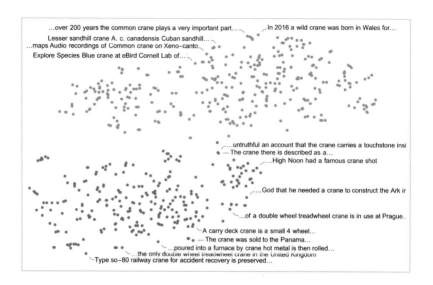

특성 공간은 가까운 의미의 단어끼리 배치됩니다. 특성 공간에서 추가적인 구조를 찾을 수 있을까요? 예를 들어 이 공간에 평행 이동이라는 개념이 있을까요? 이를 파악하려면 직접 유추해봐야 합니다.

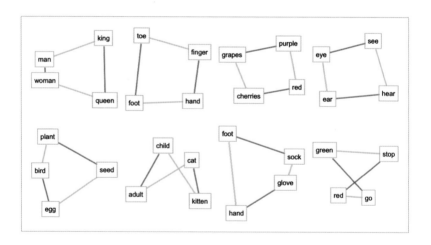

2D로 투영할 때 일반적으로 나타나지는 않지만 평행 이동에 대한 힌트는 종종 발견됩니다.

그렇다면 궤적은 어떨까요? 특성 공간에서 챗GPT에 대한 프롬프트가 따라가는 궤적을 살펴보면 챗GPT가 어떻게 그 궤적을 이어가는지 확인할 수 있습니다.

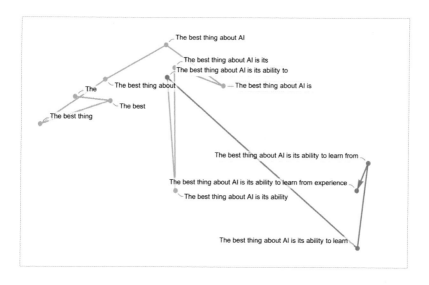

여기에는 기하학적으로 명확한 운동 법칙이 존재하지 않습니다. 전혀 놀라운 일이 아닙니다. 훨씬 더 복잡한 법칙이 있을 거라고 예상합니다. 예를 들어 의미론적 운동 법칙이 있다고 하더라도 어떤 종류의 임베딩(또는 사실상 어떤 변수)에 가장 자연스럽게 기술될 수 있는지는 분명하지 않습니다.

방금 살펴본 그림은 여러 단계에 걸친 궤적을 보여줍니다. 각 단계마다 챗GPT가 (온도 0에서) 가능성이 높은 단어를 선택하고 있습니다. 그렇다면 to 다음에 나올 단어의 확률을 확인해보면 다음과 같습니다.

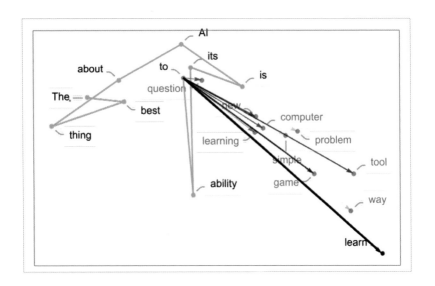

그림에서 높은 확률을 가진 단어들이 한 방향으로 뻗어 있습니다. 여기서 한 단계 더 나아가면 어떻게 될까요? 다음은 궤적을 따라 이동하면서 나타나는 연속적인 방향성입니다.

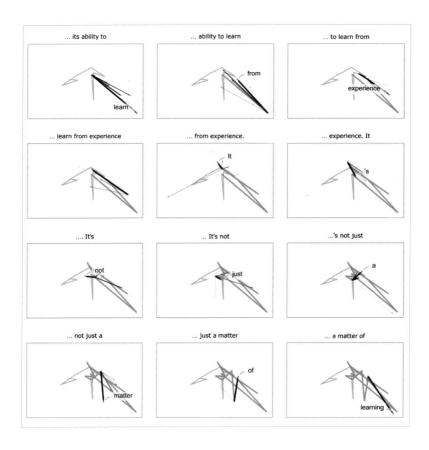

다음은 총 40단계까지 진행한 3D 화면입니다.

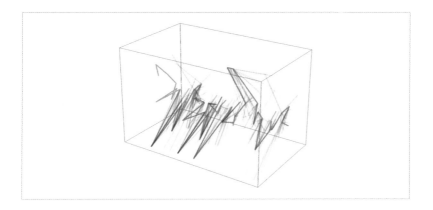

네, 규칙이 없는 것처럼 보입니다. 챗GPT의 내부 작동 방식을 경험적으로 연구해 수학이나 물리학과 같은 의미론의 운동 법칙을 파악하기란 어렵습니다. 어쩌면 우리는 잘못된 변수(또는 잘못된 좌표계)를 보고 있을 수도 있습니다. 올바른 변수를 보고 있다면 측지학을 따르는 것처럼 챗GPT가 수학이나 물리학적으로 일을 단순하게 해낸다고 파악할 수 있겠지요. 하지만 현재로서는 챗GPT가 인간 언어의 조합 방식에 대해 발견한 것을 챗GPT의 내부를 직접 들여다보고 해독할 준비가 안 된 상태입니다.

1.9 의미론적 문법과 계산 언어의 힘

의미 있는 인간의 언어를 생성하려면 무엇이 필요할까요? 과거에는 언어가 인간의 뇌와 다름없다고 생각했습니다. 하지만 이제 챗GPT 같은 신경망으로도 충분히 가능합니다. 어쩌면 여기까지가 우리가 할 수 있는 한계일 수도 있고, 이보다 더 간단하거나 인간이 이해할 수 있는 방법은 없을지도 모릅니다. 필자는 챗GPT의 성공이 암시하는 것은 의미 있는 인간 언어에는 우리가 알고 있던 것보다 훨씬 더 많은 구조와 단순성이 존재하며, 언어의 조합 방법을 설명하는 매우 간단한 규칙이 있다는 중요한 과학적 사실이라고 생각합니다.

앞서 언급했듯이 구문 문법은 다양한 품사의 단어가 언어로 어떻게 조합될 수 있는지에 대한 규칙입니다. 하지만 의미를 다루기 위해서는 더 나아가야 합니다. 즉, 언어에 대한 구문 문법뿐만 아니라 의미론적인 문법도 고려해야 합니다.

구문을 이해하기 위해 우리는 품사를 식별합니다. 하지만 의미를 이해하기 위해서는 더 미세한 판독이 필요합니다. 예를 들어 우리는 '이동'이라는 개념과 위치에 관계없이 정체성을 유지하는 '객체'라는 개념을 구분할 수 있습니다. 이러한 의미론적 개념에 대한 구체적인 예는 무궁무진합니다. 의미론적 문법의 예를 위해 '객체'는 '움직일 수 있다'는 일반적인 규칙만 살펴보겠습니다. 이 모든 것의 작동 방식에 대해서는 논의할 것이 많지만 여기서는 가능성을 보여주는 몇 가지 사례만 살펴보겠습니다.

의미론적 문법에 따라 문장이 완벽하다고 해서 실제로 실현되었다는(또는 실현될 수 있다는) 의미는 아닙니다. '코끼리는 달에 다녀왔다'는 의미론적 문법에 맞습니다. 하지만 가상의 세계에서만 가능한 이야기이며 실제 세계에서는 (아직) 실현될 수 없습니다.

의미론적 문법에 대해 이야기하기 시작하면 곧 그 밑에는 무엇이 있는지 궁금해집니다. 세상에 대한 어떤 모델을 가정하고 있는 걸까요? 구문 문법은 단어로 언어를 구성하는 것에 불과합니다. 하지만 의미론적 문법은 실제 단어로 만들어진 언어의 층 위에 골격 역할을 하는 일종의 **세계 모델**^{model of the world}과 관련됩니다.

최근까지만 해도 우리는 인간의 언어가 세계 모델을 설명하는 유일한 방법이라고 생각했습니다. 하지만 이미 몇 세기 전부터, 특히 수학을 기반으로 특정한 종류의 사물을 형식화^{formalization}하기 시작했습니다. 이제는 계산 언어^{computational language}가 훨씬 더 일반적인 형식화 방법이 되었습니다.

이는 40년 이상에 걸친 필자의 큰 프로젝트였으며, 현재 울프럼 언어에 구현되어 있습니다. 즉, 추상적인 것뿐만 아니라 세상의 사물에 대해 광범위하게 적용할 수 있는 정밀한 기호 표현을 개발한 것입니다. 예를 들어 도시와 분자,

이미지와 신경망에 대한 기호 표현을 제공하며, 계산 방법에 대한 지식도 내장되어 있습니다.

수십 년간 작업해오면서 여러 영역을 다뤘지만 일상적인 대화를 특별하게 다루지는 않았습니다. '사과 2킬로그램을 샀어요'에서 '사과 2킬로그램'은 쉽게 표현할 수 있습니다(영양 정보나 다른 계산도 할 수 있습니다). 하지만 '샀다'에 대한 기호 표현은 아직 없습니다.

이 모든 것은 의미론적 문법이라는 아이디어와 개념을 위한 기호 구성 키트^{kit}를 갖는 목표와 연결됩니다. 기호 구성 키트는 무엇과 함께 어울릴 수 있는지 알려주고, 인간 언어로 바꿀 수 있는 것에 대한 규칙을 제공할 것입니다.

우리에게 이런 역할을 하는 기호 대화 언어가 있다고 가정해봅시다. 이 언어로 무엇을 할 수 있을까요? 우선 국부적으로 의미 있는 텍스트를 생성하는 것부터 시작할 수 있습니다. 하지만 최종적으로는 전역적으로 의미 있는 결과물을 원할 것입니다. 이를 위해선 세상에서 (또는 일관성을 가진 가상의 세계에서) 실제로 존재하거나 일어날 수 있는 것에 대한 많은 계산이 필요합니다.

현재 울프럼 언어에는 다양한 사물에 대한 방대한 양의 계산 지식이 내장되어 있습니다. 하지만 완전한 기호 대화 언어를 위해서는 세상의 일반적인 사물에 대한 계산을 추가로 구축해야 합니다. 예를 들면 물체가 A에서 B로, B에서 C로 이동하면 이 물체는 A에서 C로 이동한 것입니다.

기호 대화 언어가 있다면 이를 사용해 독립적인 진술을 할 수 있습니다. 울프럼 알파 같은 방식으로 세상에 대해 질문하는 데 사용할 수도 있습니다. 또는 외부 작동 메커니즘과 함께 만들고 싶은 것을 설명하는 데 사용할 수도 있습니다. 혹은 실제 세계 또는 가상이나 그 외 다른 특정 세계에 대한 주장을 펼칠 수도 있습니다.

인간의 언어는 특정한 계산 구현에 연결되어 있지 않기 때문에 근본적으로 부정확합니다. 인간 언어의 의미는 사용자 간의 사회적 계약에 의해 정의됩니다. 하지만 계산 언어는 특성상 근본적으로 어느 정도의 정확성을 지닙니다. 왜냐하면 결국 계산 언어가 명시하는 것은 항상 컴퓨터에서 모호하지 않게 실행되기 때문입니다. 인간의 언어는 대개 모호함을 어느 정도 감수합니다. 예를 들어 우리가 '행성'이라고 말하면 외계 행성이 포함될까요, 안 될까요? 하지만 계산 언어에서는 모든 것이 정확하고 명확하게 구분됩니다.

계산 언어로 이름을 만들 때 보통 사람의 언어를 활용하는 것이 편리할 때가 많습니다. 하지만 컴퓨터 언어에서 사용하는 의미는 반드시 정확해야 하며, 일반적인 인간 언어에서 사용하는 특정 의미를 포함할 수도 있고 포함하지 않을 수도 있습니다.

일반적인 기호 대화 언어에 적합한 기본 온톨로지^{ontology}는 어떻게 파악해야 할까요? 글쎄요, 쉽지 않습니다. 그래서 2천여 년 전 아리스토텔레스가 시작한 이래로 거의 진전이 없었던 것일 수도 있습니다. 하지만 오늘날 우리는 세상을 계산적으로 사고하는 방법에 대해 많은 것을 알게 되었으며, 울프럼 물리 프로젝트와 룰리아드^{Ruliad66} 개념에서 근본적인 형이상학^{metaphysics}을 배운 것도 큰 도움이 됩니다.

하지만 챗GPT 입장에서 이 모든 것이 무엇을 의미할까요? 챗GPT는 훈련을 통해 특정 양의 (하지만 인상적일 정도의) 의미론적 문법을 효과적으로 조합해

---

66 옮긴이_ 룰리아드는 스티븐 울프럼이 제안한 개념으로 계산적으로 가능한 모든 것의 얽힌 한계, 즉 가능한 모든 계산 규칙을 가능한 모든 방법으로 따른 결과입니다.

냈습니다. 하지만 챗GPT의 성공은 컴퓨터 언어로 보다 완전한 문법을 구축하는 것이 가능하다는 근거를 제공합니다. 그리고 지금까지 챗GPT의 내부에 대해 알아낸 것과는 달리, 인간이 쉽게 이해할 수 있도록 계산 언어를 설계할 수 있을 것으로 기대합니다.

의미론적 문법에 대해 이야기할 때, 삼단논법에 비유할 수 있습니다. 처음에 삼단논법은 본질적으로 인간의 언어로 표현된 문장에 대한 규칙의 모음이었습니다. 하지만 2천 년 후 형식 논리학^{formal logic}이 개발되었을 때 삼단논법의 기본 구조를 사용해 현대 디지털 회로의 연산이 포함된 거대한 형식화의 탑을 구축할 수 있습니다. 따라서 더 일반적인 의미론적 문법을 사용할 수 있습니다. 처음에는 텍스트로 표현되는 단순한 패턴만 처리 가능할지도 모릅니다. 하지만 전체 계산 언어 프레임워크가 구축되고 나면, 일반화된 의미 논리의 높은 탑을 세우는 데 사용할 수 있을 것으로 기대합니다. 이를 통해 모호한 인간의 언어로 기초적인 수준을 제외하고는 접근 불가능했던 모든 종류의 사물을 정확하고 형식적인 방식으로 다룰 수 있을 것입니다.

계산 언어의 구축과 의미론적 문법은 사물을 표현하는 데 있어 일종의 압축이라고 생각할 수 있습니다. 예를 들어 일반적인 인간 언어에 존재하는 모든 표현 방식을 다루지 않고도 어떤 것의 본질에 대해 이야기할 수 있습니다. 챗GPT의 가장 큰 강점도 비슷한 맥락입니다. 챗GPT 역시 여러 가지 가능한 표현 방식에 상관없이, 의미 있는 방식으로 언어를 조합할 수 있을 만큼 근접했기 때문입니다.

그렇다면 챗GPT를 기본 계산 언어에 적용하면 어떻게 될까요? 계산 언어는 가능한 한 모든 것을 설명할 수 있습니다. 예를 들어 웹에서 읽을 수 있는 모든 콘텐츠를 기반으로 유명한 정도를 추가할 수 있습니다. 하지만 그 밑바탕에 계산 언어를 사용한다는 것은 챗GPT가 잠재적으로 환원 불가능한 계산을 활용하는 궁극적인 도구에 즉각적이고 근본적으로 접근할 수 있다는 것을 의미합니다. 따라서 이 시스템은 합리적인 텍스트를 생성할 수 있을 뿐만 아니라, 그 텍스트가 실제로 세상에 대해 올바른 진술을 하고 있는지, 또는 그 텍스트가 말하고자 하는 것이 무엇인지에 대해 알아낼 수 있습니다.

1.10 그렇다면 챗GPT가 하는 일은 무엇이고 어떻게 가능한 걸까요?

챗GPT의 기본 개념은 어떤 수준에서 보면 단순합니다. 웹이나 책 등에서 인간이 만든 방대한 텍스트 데이터를 수집하고 신경망을 훈련시켜 이와 비슷한 텍스트를 생성합니다. 프롬프트에서부터 출발해 훈련에 사용한 것과 비슷한 텍스트를 계속 생성합니다.

지금까지 살펴본 바와 같이 챗GPT의 실제 신경망은 매우 단순한 구성 요소들로 구성됩니다. 하지만 그 개수는 수십억 개에 달합니다. 신경망의 기본 작동 방식도 매우 단순합니다. 지금까지 생성된 텍스트를 입력으로 사용해 루프 없이 한 번씩만 구성 요소에 전달해 새로운 단어(또는 단어의 일부)를 생성합니다.

놀랍고 예상치 못했던 점은 이 프로세스를 통해 웹이나 책처럼 유사한 텍스트를 성공적으로 생성했다는 것입니다. 또한 언어가 일관성이 있고, 훈련에서 보았던 콘텐츠를 활용해 프롬프트로 대화를 이어갈 수 있습니다. 하지만 (예를 들어 울프럼 알파의 계산 능력을 활용하지 않은) 챗GPT는 훈련 데이터를 기반으로 올바르게 보이는 것 같은 글을 생성하기 때문에 언제나 말이 되는(또는 올바른 계산에 해당하는) 텍스트를 생성하지는 않습니다.

챗GPT에 적용된 엔지니어링은 상당히 강력합니다. 하지만 챗GPT는 (외부 도구를 사용하기 전까지는) 단지 통념의 통계에서 일관된 텍스트를 뽑아내는 것에 불과합니다. 다만 그 결과가 인간과 상당히 유사하다는 점이 매우 놀랍습니다. 그리고 앞서 설명했듯이 이런 결과는 과학적으로 매우 중요한 사실을 시사합니다. 인간의 언어와 그 이면에 있는 사고 패턴은 우리가 생각했던 것보다 구조가 더 단순하고 규칙적이라는 것입니다. 챗GPT는 이를 암묵적으로 발견했지만 의미론적 문법, 계산 언어 등을 통해 이를 명시적으로 드러낼 수 있습니다.

챗GPT가 텍스트를 생성하는 방식은 매우 인상적이며, 결과물은 인간이 생성하는 것과 매우 유사합니다. 그렇다면 챗GPT가 뇌처럼 작동한다는 뜻일까요? 챗GPT의 기본 인공 신경망 구조는 우리의 뇌를 이상적으로 모델링한 것입니다. 따라서 인간이 언어를 생성할 때 일어나는 일과 상당히 유사할 가능성이 높습니다.

훈련(일명 학습)할 때 현재 컴퓨터의 하드웨어가 (그리고 아직 개발되지 않은 알고리즘 아이디어가) 뇌와 다르기 때문에 챗GPT는 뇌와는 다소 다른, 어떤 면에서는 훨씬 덜 효율적인 전략을 사용합니다. 또한 일반적인 알고리즘 계산과 달리 챗GPT는 내부적인 루프가 없고, 데이터를 재계산하지 않습니다. 이는 필연적으로 계산 능력을 제한할 수밖에 없는데, 현재의 컴퓨터와 비교했을 때도 그렇지만 뇌와 비교했을 때도 마찬가지입니다.

이 문제를 해결하면서도 합리적인 효율로 시스템을 훈련하는 방법은 아직 명확하지 않습니다. 하지만 방법을 찾는다면 미래의 챗GPT가 뇌가 하는 일을 더 많이 할 수 있을 것으로 예상합니다. 물론 뇌가 잘 하지 못하는 일들, 특히 환원 불가능한 계산과 관련된 일이 여전히 많습니다. 따라서 뇌와 챗GPT는 울프럼 언어와 같은 외부 도구를 찾아야 합니다.

하지만 현재로서는 챗GPT가 무엇을 할 수 있는지 보는 것만으로도 흥미롭습니다. 수많은 단순한 계산으로 놀랍고 예상치 못한 일을 할 수 있다는 기본적인 과학적 사실을 보여주는 좋은 예입니다. 또한 인간의 중요한 특징인 인간의 언어와 그 이면에 있는 사고 과정의 성격과 원리를 조금이나마 이해할 수 있게 합니다. 이는 단연코 2천 년 동안 있었던 자극 중 최고입니다!

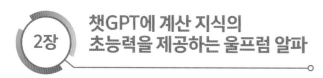

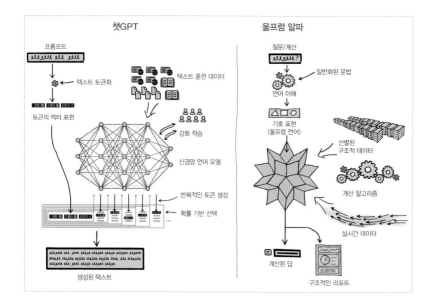

2.1 챗GPT와 울프럼 알파

어떤 일이 갑자기 그냥 가능해질 때는 항상 놀랍습니다. 2009년의 울프럼 알파에서도 그랬고 2020년의 울프럼 물리 프로젝트에서도 마찬가지였습니다. 그리고 지금, 오픈 AI의 챗GPT에서도 동일한 일이 일어났습니다.

필자는 약 43년 동안 신경망 기술을 꽤 오래 쫓아왔습니다. 지난 몇 년 동안의 발전 과정을 지켜봤지만 챗GPT의 성능은 정말 놀랍습니다. 챗GPT의 시스템은 사람이 쓴 것처럼 보이는 거의 모든 종류의 텍스트를 성공적으로 생성합니다. 매우 인상적이고 유용합니다. 그리고 앞서 언급했듯이 이 시스템의 성공은 인간 사고의 본질에 관련된 매우 근본적인 사실을 알려줍니다.

챗GPT가 인간의 지능이 필요한 작업을 자동화했다는 점에서 괄목할 만한 성과를 거둔 것은 사실이지만, 유용한 작업이 모두 지능과 관련된 것은 아닙니다. 그중 일부는 좀 더 형식적이고 구조적입니다. 지난 몇 세기 동안 문명이 이룩한 위대한 업적은 수학, 정밀과학, 그리고 오늘날 가장 중요한 계산의 패러다임을 구축해 순수한 인간의 사고로는 달성할 수 없는 높은 역량을 쌓아 올렸습니다.

저는 수십 년 동안 계산 패러다임을 깊이 탐구했으며, 가능한 한 세상의 많은 사물을 형식적인 기호로 표현하는 **계산 언어**를 구축하기 위해 노력했습니다. 이 과정의 목표는 사람의 계산적인 일을 보조하고 능력을 높일 수 있는 시스템을 구축하는 것입니다. 저는 한 명의 인간으로서 사물에 대해 생각합니다. 하지만 울프럼 언어와 울프럼 알파를 호출하면 계산이 가진 초능력을 활용해 인간의 능력을 초월한 온갖 종류의 일을 할 수 있습니다.

이는 엄청나게 강력한 일 처리 방식입니다. 인간에게 매우 중요할 뿐만 아니라 인간을 닮은 AI에게도 동일하게, 아니 그보다 훨씬 더 중요합니다. 인간의 능력을 뛰어넘는 구조적인 계산과 지식을 활용하는 계산 지식의 초능력을 부여할 수 있기 때문입니다.

챗GPT에 계산 언어를 활용했을 때 미치는 영향을 살펴보자 놀라운 일이 가능할 것이라 확신했습니다. 울프럼 알파는 챗GPT와는 다른 방식으로 작업을 수행하지만, 둘은 **자연어**라는 공통된 인터페이스를 갖습니다. 즉, 챗GPT는 사람처럼 울프럼 알파와 대화할 수 있으며, 울프럼 알파는 챗GPT에서 얻은 자연어를 정확한 기호 계산 언어로 변환해 계산 지식의 힘을 적용할 수 있습니다.

수십 년 동안 AI에 대한 생각은 이분법적이었습니다. 챗GPT가 사용하는 **통계적 접근법**과 울프럼 알파의 출발점이 된 **기호적 접근법**으로 둘로 나뉘었었죠. 하지만 이제는 챗GPT의 성공과 울프럼 알파의 자연어 이해 능력 덕분에 마침내 이 두 가지를 결합할 수 있게 되었습니다. 둘 중 하나만으로는 달성할 수 없었던 훨씬 더 강력한 시스템이 탄생한 것입니다.

2.2 기본 예시

챗GPT는 훈련에 사용된 웹과 책, 기타 자료의 패턴을 따르는 **언어적 결과물**을 생성하는 시스템입니다. 놀랍게도 짧은 글뿐만 아니라 에세이처럼 긴 결과물도 만듭니다. 물론 결과물은 사람이 쓴 것 같은 수준입니다. 학습한 개념을 흥미롭고 예상치 못한 방식으로 조합해 일관성 있는 글을 생성합니다. 언어적 수준에서는 항상 통계적으로 그럴듯한 결과물을 만들어냅니다. 인상적인 결과이기는 하지만, 챗GPT가 자신 있게 내놓은 모든 문장과 계산이 반드시 옳다는 의미는 아닙니다.

다음은 제가 발견한 잘못된 예시입니다. 참고로 챗GPT는 기본으로 무작위성이 내재되어 있으므로 여러분의 프롬프트에 동일한 질문을 입력하더라도 결과가 같지 않을 수 있습니다.

 시카고에서 서울까지 거리가 얼마인가요?

시카고에서 서울까지의 직선거리는 약 10,000km(약 6,213마일)입니다. 하지만 이는 지구상의 두 지점 사이의 최단 거리이며, 실제 여행 거리는 다를 수 있습니다. 항공편이나 다른 교통수단을 이용할 경우에는 비행 경로나 연결지에 따라 이동 거리가 달라질 수 있습니다. 따라서 여행을 계획할 때에는 실제 거리를 확인하는 것이 좋습니다.

꽤 설득력 있게 들립니다. 하지만 다음 울프럼 알파에 동일한 질문을 해보니[1] 챗GPT가 잘못된 정보를 이야기했다는 게 밝혀집니다.[2]

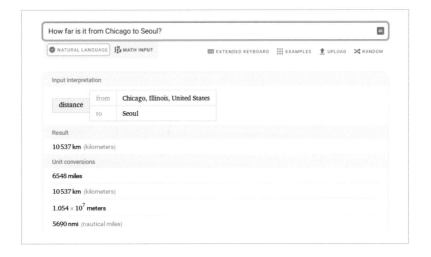

---

1 옮긴이_ 울프럼 알파는 아직 한국어를 지원하지 않습니다. 하지만 챗GPT를 통해 울프럼 알파를 사용하면 챗GPT가 번역기의 역할을 하므로 유용하게 울프럼 알파를 활용할 수 있습니다. 이와 관련해서는 부록에서 추가로 설명하겠습니다.

2 옮긴이_ 이렇게 인공지능이 사실이 아닌 내용을 마치 사실처럼 말하는 현상을 할루시네이션(hallucination)이라고 합니다.

구조적이고 선별된 지식을 기반으로 정밀하게 계산하는 작업은 울프럼 알파가 훨씬 잘합니다.

그렇다면 울프럼 알파가 멋지게 챗GPT를 도울 수 있다면 어떨까요? 울프럼 알파에 프로그래밍 방식[3]으로 질문을 할 수 있습니다(웹 API[4]를 사용할 수도 있습니다).

```
In[1]:= WolframAlpha["What is the distance from Chicago to Seoul", "SpokenResult"]
Out[1]= The distance from the center of Chicago, Illinois to the center of Seoul is about 6548 miles
```

이제 이 결과를 덧붙여 챗GPT에 다시 질문해보죠.

시카고에서 서울까지 거리가 얼마인가요? 시카고에서 서울까지 정확한 거리는 6,548마일입니다.

실례합니다. 제가 이전에 제시한 정보가 부정확했습니다. 올바른 정보 감사합니다.

시카고에서 서울까지의 거리는 약 6,548마일(약 10,537킬로미터)입니다. 이는 직선거리로, 실제 여행 시 비행 경로나 다른 교통수단을 이용할 경우에는 이동 거리가 달라질 수 있습니다. 따라서 여행을 계획할 때에는 항공편이나 교통수단의 경로와 이동 거리를 고려하는 것이 중요합니다. 감사합니다!

---

3   https://reference.wolfram.com/language/ref/WolframAlpha.html 옮긴이_ 이 코드는 울프럼 노트북에서 간단히 실행해볼 수 있습니다.

4   https://products.wolframalpha.com/api

시카고에서 서울까지 거리가 얼마인가요?

 시카고에서 서울까지의 거리는 약 6,537마일(약 10,519킬로미터)입니다. 이는 직선거리로서, 실제 여행 시 비행 경로나 다른 교통수단을 이용할 경우에는 이동 거리가 달라질 수 있습니다. 하지만 대략적으로 6,537마일이라고 생각하시면 됩니다.

챗GPT는 매우 정중하게 수정 사항을 받아들이고 다시 질문하면 정확한 답을 이야기합니다. 물론 울프럼 알파를 사용해 전후 맥락을 처리하는 더 간소화된 방법이 있을 수 있지만, 이처럼 매우 간단한 순수한 자연어 접근 방식으로도 잘 작동합니다.

그런데 왜 챗GPT는 애초에 이 문제를 틀린 것일까요? 훈련 과정에서 시카고와 서울 사이의 거리를 웹에서 본 적이 있다면 당연히 맞힐 수 있습니다. 하지만 도시 간 거리와 관련된 샘플에서 신경망이 수행하는 일반화로는 충분하지 않습니다. 즉, 실제 계산 알고리즘이 필요합니다.

울프럼 알파의 처리 방식은 상당히 다릅니다. 입력된 자연어가 가능하다고 가정하고 정확한 계산 언어(즉, 울프럼 언어)로 변환합니다. 도시의 좌표와 좌표 사이의 거리를 계산하는 알고리즘은 울프럼 언어에 내장된 계산 지식의 일부입니다. 울프럼 언어에는 방대한 양의 계산 지식이 내장되어 있습니다. 이는 지속적으로 업데이트되는 방대한 양의 데이터를 신중하게 큐레이팅하고, 방법과 모델, 알고리즘을 구현(종종 발명)하기 위해 수십 년 동안 노력한 결과물입니다. 또한 모든 것을 위한 일관된 계산 언어를 체계적으로 구축해온 결과이기도 합니다.

2.3 추가 예시

챗GPT와 울프럼 알파는 매우 다른 방식으로 작동하며 각자의 강점이 다릅니다. 챗GPT만으로는 제대로 작동하지 않는 몇 가지 경우를 살펴보며 울프럼 알파의 강점을 활용할 수 있는 분야를 알아보겠습니다. 챗GPT도 사람처럼 수학을 종종 어려워합니다.

3의 73제곱은 얼마인가요?

3의 73제곱은 매우 큰 수이며, 정확한 값은 다음과 같습니다.

3^73 = 3637978807091712951166015625

따라서 3의 73제곱은 363,797,880,709,171,295,166,015,625입니다.

챗GPT가 답변이 '정확하다'고 자신하지만 실제 결과는 틀렸습니다.

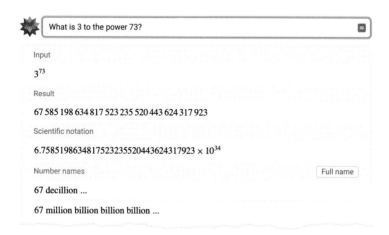

What is 3 to the power 73?

Input

3^{73}

Result

67 585 198 634 817 523 235 520 443 624 317 923

Scientific notation

$6.7585198634817523235520443624317923 \times 10^{34}$

Number names   Full name

67 decillion ...

67 million billion billion billion ...

만약 챗GPT가 울프럼 알파를 참조했다면 제대로 된 결과를 얻었을 것입니다.

조금 더 복잡한 질문을 시도해보죠.[5]

두 축의 반지름이 각각 3과 12인 타원의 둘레는 얼마인가요?

두 축의 반지름이 각각 3과 12인 타원의 둘레를 구하기 위해서는 타원의 둘레를 구하는 공식을 사용해야 합니다.

타원의 둘레를 구하는 공식은 다음과 같습니다.

둘레 $= 2\varpi * \sqrt{((a^2 + b^2) / 2)}$

여기서, a와 b는 각각 타원의 반축의 길이입니다.

따라서 반지름이 3과 12인 타원의 둘레는 다음과 같이 계산할 수 있습니다.

둘레 $= 2\varpi * \sqrt{((3^2 + 12^2) / 2)}$

$= 2\varpi * \sqrt{((9 + 144) / 2)}$

$= 2\varpi * \sqrt{(153 / 2)}$

$\approx 2\varpi * \sqrt{76.5}$

$\approx 2\varpi * 8.75$

$\approx 17.46\varpi$

따라서 반지름이 3과 12인 타원의 둘레는 약 17.46ϖ 혹은 약 54.9입니다. 만약 ϖ(파이)의 근삿값으로 3.14를 사용한다면, 둘레는 약 17.46 * 3.14 $\approx$ 54.9가 됩니다(단위는 주어지지 않았으므로 숫자만 표시했습니다).

언뜻 보기에는 훌륭한 결과처럼 보이네요. 하지만 울프럼 알파 결과를 보면 알

5   옮긴이_ 다음 질문은 짧은 반지름과 긴 반지름이 각각 3, 12인 타원의 둘레를 구하는 문제입니다. 정확한 길이를 계산하려면 적분을 수행해야 합니다. 챗GPT는 타원의 둘레를 근사적으로 구할 수 있는 공식 $(2\pi\sqrt{(a^2+b^2)/2})$을 적용해 계산합니다.

수 있듯이 정확한 값이 아닙니다.

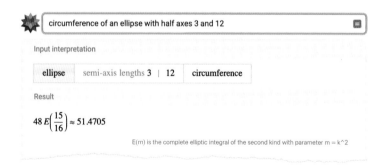

네, (울프럼 알파를 참조하지 않는) 챗GPT로 수학 숙제를 하는 것은 나쁜 생각입니다. 챗GPT는 다음처럼 매우 그럴듯한 답을 제공합니다.

$x^2 \cos(2x)$의 부정적분은?

$x^2 \cos(2x)$의 부정적분은 다음과 같이 계산할 수 있습니다.

$\int (x^2 \cos(2x))\, dx$

부분적분을 사용하여 계산해보겠습니다. 부분적분은 두 함수의 곱의 부정적분을 다른 방법으로 표현하는 방법입니다.

두 함수를 u와 dv로 나눕니다.

$u = x^2$ (u를 미분하면 $du = 2x\, dx$)

$dv = \cos(2x)\, dx$ (v를 정적분하면 $v = (1/2)\sin(2x)$)

이제 부분적분을 적용합니다.

$\int (x^2 \cos(2x))\, dx = (1/2)\, x^2 \sin(2x) - \int ((1/2)\sin(2x) * 2x\, dx)$

$\int (x^2 \cos(2x))\, dx = (1/2)\, x^2 \sin(2x) - \int (x \sin(2x))\, dx$

두 번째 항에 대한 부분적분을 다시 수행합니다.

$u = x$ (u를 미분하면 $du = dx$)

$dv = \sin(2x) \, dx$ (v를 정적분하면 $v = -(1/2)\cos(2x)$)

$\int (x^2 \cos(2x)) \, dx = (1/2) \, x^2 \sin(2x) - \int (x \sin(2x)) \, dx$

$= (1/2) \, x^2 \sin(2x) + (1/2) \int (x \cos(2x)) \, dx$

이제 마지막으로 $\int (x \cos(2x)) \, dx$를 부분적분하겠습니다.

$u = x$ (u를 미분하면 $du = dx$)

$dv = \cos(2x) \, dx$ (v를 정적분하면 $v = (1/2)\sin(2x)$)

$\int (x \cos(2x)) \, dx = (1/2) \, x \sin(2x) - \int ((1/2)\sin(2x)) \, dx$

$= (1/2) \, x \sin(2x) - (1/4)\sin(2x)$

이제 이를 원래 식에 대입합니다.

$\int (x^2 \cos(2x)) \, dx = (1/2) \, x^2 \sin(2x) + (1/2) \int (x \cos(2x)) \, dx$

$= (1/2) \, x^2 \sin(2x) + (1/2)((1/2) \, x \sin(2x) - (1/4)\sin(2x))$

$= (1/2) \, x^2 \sin(2x) + (1/4) \, x \sin(2x) - (1/8)\sin(2x)$

따라서 최종적으로 $x^2 \cos(2x)$의 부정적분은 다음과 같습니다.

$\int (x^2 \cos(2x)) \, dx = (1/2) \, x^2 \sin(2x) + (1/4) \, x \sin(2x) - (1/8)$ $\sin(2x) + C$

여기서 C는 적분 상수를 나타냅니다.

챗GPT가 수학을 실제로 이해하고 있지 않기 때문에 정답을 안정적으로 계산할 수 없습니다. 이 경우도 정답이 틀립니다.

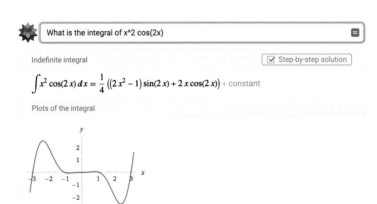

What is the integral of x^2 cos(2x)

Indefinite integral

☑ Step-by-step solution

$$\int x^2 \cos(2x)\,dx = \frac{1}{4}\left((2x^2 - 1)\sin(2x) + 2x\cos(2x)\right) + \text{constant}$$

Plots of the integral

그럼에도 불구하고 챗GPT는 어떻게 답을 얻었는지 매우 그럴듯해 보이는 설명을 생성합니다(실제로 계산한 것은 아닙니다). 흥미롭게도 수학을 잘 모르는 사람이 저지르는 실수와 매우 비슷한 실수를 챗GPT도 했습니다.

의미를 제대로 이해하지 못해 문제가 되는 상황은 매우 다양합니다.

 중앙아메리카에서 두 번째로 큰 나라는 어디인가요?

2021년 9월까지의 정보를 바탕으로 중앙아메리카에서 두 번째로 큰 나라는 엘살바도르(El Salvador)입니다.

중앙아메리카는 북아메리카와 남아메리카 사이에 위치한 지리적 영역으로, 여러 나라들이 속해 있습니다. 두 번째로 큰 나라는 면적으로 측정되는데, 면적은 변동 가능성이 있을 수 있으며, 현재 정보와 다를 수 있습니다.

2021년 기준으로 중앙아메리카에서 면적으로 가장 큰 나라는 단연 니카라과(Nicaragua)이고, 두 번째로 큰 나라는 엘살바도르(El Salvador)입니다. 따라서 중앙아메리카에서 두 번째로 큰 나라는 엘살바도르입니다. 하지만 향후 정보의 변화나 정확한 수치를 위해 항상 최신 정보를 확인하는 것이 좋습니다.

그럴듯한 답변입니다. 하지만 이는 정확하지 않습니다.

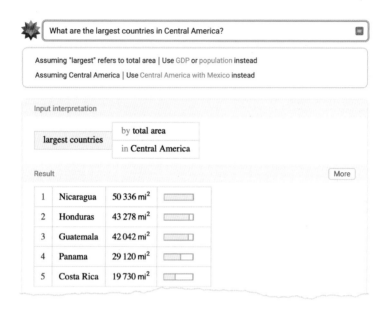

다음 답변을 보면 챗GPT는 이 데이터를 어딘가에서 올바르게 학습한 것 같네요. 하지만 순위를 정확하게 매길 수 있을 만큼 숫자의 의미를 이해하지는 못합니다.

 중앙아메리카에 있는 국가의 크기를 알려주세요.

중앙아메리카에는 여러 국가들이 속해 있으며, 각 국가의 크기는 면적에 따라 다릅니다. 중앙아메리카에 속하는 국가들과 그 면적에 대한 목록은 다음과 같습니다(단위: km²).

- 니카라과(Nicaragua): 약 130,373km²
- 과테말라(Guatemala): 약 108,889km²

- 벨리즈(Belize): 약 22,966km²
- 엘살바도르(El Salvador): 약 21,041km²
- 온두라스(Honduras): 약 112,492km²
- 코스타리카(Costa Rica): 약 51,100km²
- 파나마(Panama): 약 75,417km²

위 목록은 중앙아메리카에 속하는 국가들의 면적 순으로 정렬되어 있습니다. 이는 단위 면적에 따라 조금씩 변동할 수 있으며, 미래에 변화할 수도 있으므로 항상 최신 정보를 확인하는 것이 좋습니다.

물론 이러한 특정 버그를 수정하는 방법은 있습니다. 하지만 요점은 챗GPT와 같은 생성 언어 기반 AI 시스템은 '구조적인 계산'이 필요한 상황에는 적합하지 않다는 것입니다. 다시 말해, 울프럼 알파가 구조적인 방식으로 계산하는 모든 것을 올바르게 따라 하려면 거의 무한대에 가까운 버그를 수정해야 합니다.

계산이 복잡할수록 올바른 답을 얻으려면 울프럼 알파를 호출해야 할 가능성이 높습니다. 다음 예에서 챗GPT는 다소 혼란스러운 답을 생성합니다.

 수성보다 큰 위성은 무엇인가요?

태양계에서 수성은 가장 작은 행성이며, 위성이 존재하지 않습니다. 따라서 수성보다 큰 위성은 지구를 포함한 다른 행성들에 속하는 위성들을 의미합니다.

가장 큰 위성은 지구의 달입니다. 또한 목성의 위성 가니메데(Ganymede)와 토성의 위성 타이탄(Titan)도 수성보다 큽니다. 이들은 지구의 달 이후로 가장 큰 위성들입니다. 가니메데와 타이탄은 각각 목성과 토성에서 행성 주위를 돌고 있습니다.

이번에도 울프럼 알파와 달리 챗GPT의 결론은 정확하지 않습니다.

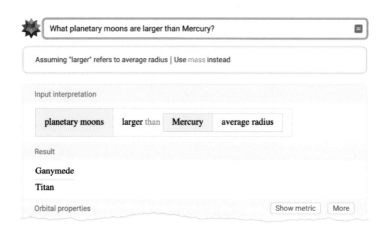

특정 데이터(예를 들어 정량적 데이터)의 경우, 심지어 상당히 원시적인 형태의 데이터에서도 울프럼 알파를 사용해야 하는 경우가 많습니다. 다음은 오랫동안 즐겨 사용한 울프럼 알파의 테스트 쿼리^{query} 'How many turkeys are there in Turkey?(튀르키예의 가축 수는 얼마인가요?)'에서 영감을 얻은 예입니다.

 튀르키예의 가축 수는 얼마인가요?

저는 2021년 9월 기준의 정보를 가지고 있으며, 그 이후의 정보는 갱신되지 않았습니다. 2021년 9월 기준으로 튀르키예의 가축 수는 약 21,470,000마리입니다.

다만, 이후 시점에 가축 수는 변동될 수 있으므로 최신 정보를 확인하는 것이 좋습니다. 정확한 현재 가축 수를 알고 싶다면 튀르키예의 관련 기관이나 통계청의 데이터를 확인하시기 바랍니다.

완전히 그럴듯해 보이는 답입니다. 심지어 정보를 얻은 시점도 언급하고 있네요. 하지만 이 데이터는 챗GPT가 만든 것일 뿐입니다.

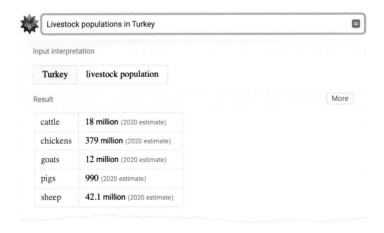

울프럼 알파 결과를 보다시피 챗GPT의 정보는 틀렸지만, 챗GPT로 사실 확인 쿼리를 다음과 같이 쉽게 만들 수 있습니다.

Give me a simple keyword query that could be answered by each numerical value in your response; only list the queries[6]

- "Number of chickens in Turkey"
- "Number of turkeys in Turkey"
- "Number of ducks in Turkey"
- "Number of cattle in Turkey"
- "Number of sheep in Turkey"
- "Number of goats in Turkey"

6 　옮긴이_ 영어로 응답을 받기 위해 영어로 문의했습니다.

이제 울프럼 알파 API를 통해 이를 입력합니다.

```
In[•]:=  WolframAlpha[#, "SpokenResult"] & /@
         {"Number of chickens in Turkey", "Number of turkeys in Turkey",
          "Number of ducks in Turkey", "Number of cattle in Turkey",
          "Number of sheep in Turkey", "Number of goats in Turkey"}

Out[•]=  {In 2020, Turkey had about 379 million chickens as livestock,
          In 2020, Turkey had about 4.8 million turkeys as livestock,
          In 2020, Turkey had 560000 ducks as livestock,
          In 2020, Turkey had about 18 million cattle as livestock,
          In 2020, Turkey had about 42.1 million sheep as livestock,
          In 2020, Turkey had about 12 million goats as livestock}
```

이제 챗GPT에 이 데이터를 주입해 원래 응답을 수정합니다.

다음에 나온 정확한 데이터를 사용해 원래 답변을 수정해주세요.

```
{"In 2020, Turkey had about 379 million chickens as livestock",
"In 2020, Turkey had about 4.8 million turkeys as livestock",
"In 2020, Turkey had 560000 ducks as livestock", "In 2020,
Turkey had about 18 million cattle as livestock", "In 2020,
Turkey had about 42.1 million sheep as livestock", "In 2020,
Turkey had about 12 million goats as livestock"}
```

감사합니다. 주어진 데이터를 바탕으로 원래의 답변을 수정하겠습니다.

2020년 기준으로 튀르키예의 가축 수는 다음과 같습니다.

- 닭: 약 379,000,000마리
- 칠면조: 약 4,800,000마리
- 오리: 약 560,000마리
- 소: 약 18,000,000마리

- 양: 약 42,100,000마리
- 염소: 약 12,000,000마리

위 데이터를 기준으로, 튀르키예의 가축 수는 카테고리별로 측정되었습니다. 주어진 데이터를 기반으로 한 정보이며, 이후의 변동 가능성을 염두에 두시기 바랍니다. 최신 정보를 확인하려면 튀르키예의 관련 기관이나 통계청의 데이터를 참고하시기 바랍니다.

데이터를 주입하는 능력은 실시간(또는 위치 등에 따라 달라지는) 데이터 또는 계산 관련 작업에서 특히 유용합니다. 예를 들어 챗GPT는 다음과 같이 즉각적인 답변을 피합니다.

 오늘 밤 볼 수 있는 별은 무엇인가요?

현재 시간과 위치에 따라 볼 수 있는 별들이 달라집니다. 또한 밤하늘에 보이는 별들은 계절에 따라 다르며 지구의 회전에 따라, 시간이 지남에 따라 변화합니다.

일반적으로 밤하늘에서 가장 두드러지는 별들은 북극성, 알데바란, 베가와 데네브가 포함된 여름의 대삼각형과 겨울의 대삼각형 별들입니다. 그 밖에 현재의 천문학적 상황에 따라 다른 별자리와 별도 관찰할 수 있습니다.

하지만 실시간 정보를 제공할 수 없는 관계로, 오늘 밤 볼 수 있는 별들에 대한 정확한 정보를 제공하기는 어렵습니다. 밤하늘에서 별들을 관찰하고 싶다면, 별자리 관련 앱, 천문학 사이트, 혹은 전문가들이 작성한 별자리 가이드를 참고하는 것이 좋습니다. 이러한 도구들은 실시간으로 밤하늘 상태와 별들을 확인하는 데 도움을 줄 수 있습니다.

하지만 울프럼 알파 API를 사용해 얻은 답변은 다음과 같습니다.

```
In[ ]:=  Values[WolframAlpha["What planets can I see tonight",
            {{"Input", "PropertyRanking:PlanetData"}, "Plaintext"}]]

Out[ ]=  {planets | above the horizon | 10:00 pm, Mercury | Mercury is below the horizon
         Venus | Venus is below the horizon
         Mars | Mars is above the horizon
         Jupiter | Jupiter is above the horizon
         Saturn | Saturn is below the horizon
         Uranus | Uranus is above the horizon
         Neptune | Neptune is above the horizon}
```

이를 챗GPT에 주입하면 수정된 결과를 출력합니다.

다음 데이터를 사용해 대답을 수정해주세요.

```
{planets ¦ above the horizon ¦ 10:00 pm, Mercury ¦ Mercury
is below the horizon Venus ¦ Venus is below the horizon Mars
I Mars is above the horizon Jupiter ¦ Jupiter is above the
horizon Saturn ¦ Saturn is below the horizon Uranus I Uranus is
above the horizon Neptune ¦ Neptune is above the horizon}
```

주어진 데이터를 기반으로 오후 10시 시간대에 볼 수 있는 행성들과 그 상태
는 다음과 같습니다.

1. 수성(Mercury): 지평선 아래에 있으므로 관측하기 어렵습니다.

2. 금성(Venus): 지평선 아래에 있으므로 관측하기 어렵습니다.

3. 화성(Mars): 지평선 위에 있으므로 관측할 수 있습니다.

4. 목성(Jupiter): 지평선 위에 있으므로 관측할 수 있습니다.

5. 토성(Saturn): 지평선 아래에 있으므로 관측하기 어렵습니다.

6. 천왕성(Uranus): 지평선 위에 있으므로 관측할 수 있습니다.

7. 해왕성(Neptune): 지평선 위에 있으므로 관측할 수 있습니다.

따라서 오후 10시에는 지구의 지평선 위에서 화성, 목성, 천왕성, 해왕성을 볼
수 있고, 수성과 금성, 토성은 지평선 아래에 있어서 관측하기 어렵습니다.

때때로 계산적인 것과 인간적인 것 사이에 재미있는 상호작용이 있습니다. 다음과 같이 울프럼 알파에 엉뚱한 질문을 해보면 어떤 답을 내놓을까요?[7] 울프럼 알파는 심지어 사용자에게 소프트아이스크림을 원하는지도 물어봅니다(다음 화면에서 울프럼 알파의 대답 첫 부분에 'Use soft-serve ice cream instead'라고 나옵니다).

같은 질문을 받은 챗GPT는 물리적인 단위와 아이스크림의 칼로리가 상관없다고 설명합니다. 대신 아이스크림의 칼로리는 성분에 따라서만 결정된다고 주장하네요.

 1입방 광년 크기의 아이스크림의 총 칼로리는 얼마인가요?

---

7   옮긴이_ 1입방 광년(빛이 1년 동안 이동하는 거리) 크기에 들어 있는 아이스크림의 칼로리를 묻는 질문입니다. 1광년의 거리는 약 9조 4천억 킬로미터입니다. 태양과 해왕성까지의 거리는 약 45억 킬로미터입니다.

정확한 답을 제공하기는 어렵습니다. '1입방 광년 크기의 아이스크림'은 물리적인 크기로 표현되는 것이며, 아이스크림의 칼로리는 그 크기와 상관없이 식재료와 제조 방법에 따라 다르게 결정됩니다.

일반적으로 아이스크림의 칼로리는 성분에 따라 다양하게 변합니다. 크림, 설탕, 우유, 과일, 초콜릿 등이 주성분으로 사용되며, 이러한 성분의 양과 비율에 따라 칼로리가 결정됩니다. 또한 첨가물이나 여러 가지 향신료, 과일 등의 추가 요소에 따라 칼로리가 변할 수 있습니다.

따라서 '1입방 광년 크기의 아이스크림'의 칼로리를 구체적으로 언급하는 것은 불가능합니다. 아이스크림의 칼로리를 알고 싶다면 특정 브랜드나 제품의 포장에 표기되어 있는 영양 성분 표를 참고하시거나, 해당 제조사나 판매처에 문의해 정확한 정보를 확인하는 것이 좋습니다.

2.4 앞으로 나아갈 길

머신러닝은 강력한 방법입니다. 특히 지난 10년 동안 괄목할 만한 성공을 거뒀습니다. 그중 챗GPT가 최신 기술입니다. 이미지 인식, 스피치-투-텍스트 speech-to-text, 언어 번역 그리고 그 밖의 여러 영역에서도 임곗값을 넘어섰습니다. 대개 이런 발전은 아주 갑작스럽게 이뤄집니다. '기본적으로 불가능'했던 작업이 '기본적으로 가능한' 작업으로 바뀌는 경우도 있습니다.

하지만 결과는 결코 완벽하지 않습니다. 95%는 잘 작동하지만 아무리 노력해도 나머지 5%는 여전히 성공하기 어렵습니다. 어떤 면에서 실패로 간주할 수도 있겠지만 중요한 점은 95%만으로도 충분히 중요한 사용 사례가 있다는 것입니다. 어차피 정답이 있는 결과가 아니기 때문일 수도 있습니다. 아니면 사람이나 체계적인 알고리즘이 선택 또는 정제할 수 있는 결과물을 원하기 때문일 수도 있습니다.

한 번에 한 개의 토큰을 생성하는 수천억 개의 파라미터를 가진 신경망으로 챗GPT 같은 작업을 수행하는 것은 정말 놀라운 일입니다. 이 극적이고 예상치 못한 성공을 고려할 때, 충분히 큰 신경망을 훈련하기만 하면 무엇이든 가능하다고 생각할 수 있습니다. 하지만 그런 식으로 해결되지는 않습니다. 계산에 대한 근본적인 사실, 특히 계산적 환원 불가능성의 개념에 따르면 궁극적으로 할 수 없다는 것이 분명합니다. 그러나 더 중요한 것은 실제 머신러닝 역사에서 지금까지 목격해온 것입니다. 바로 챗GPT 같은 큰 혁신이 일어난다는 거죠. 발전은 멈추지 않을 것입니다. 하지만 훨씬 더 중요한 것은 불가능 때문에 막히지 않고, 가능한 것을 활용하여 성공시킬 것이라는 점입니다.

물론 챗GPT가 글쓰기를 돕고, 제안하거나, 다양한 종류의 문서나 상호작용에 유용한 텍스트를 생성하는 데 도움이 되는 경우가 많을 것입니다. 하지만 완벽해야 하는 상황에서는 머신러닝은 적합하지 않습니다(사람도 마찬가지고요).

앞에 살펴본 예시들이 바로 이런 경우입니다. 챗GPT는 정확한 정답이 없는 지능적인 작업에서 훌륭하게 작동하지만, 정확한 답을 찾아야 하는 상황에서는 종종 실패합니다. 챗GPT를 울프럼 알파와 계산 지식의 초능력에 연결한다면 이 문제를 해결할 수 있습니다.

울프럼 알파 내부에서는 모든 것이 계산 언어로 변환되며, 안정적으로 사용하기 위해 어느 정도 수준에서 완벽해야 하는 **정밀한 울프럼 언어 코드**로 변환됩니다. 매우 큰 장점은 챗GPT가 이를 생성할 필요가 없다는 거죠. 자연어가 입력되면 울프럼 알파는 자연어 이해 기능을 사용해 자연어를 정확한 울프럼 언어로 바꿉니다.

챗GPT는 사물을 진정으로 이해하는 것이 아니라 유용한 것을 생성하는 방법을 알고 있을 뿐입니다. 하지만 울프럼 알파는 다릅니다. 울프럼 알파가 무언가를 울프럼 언어로 변환하면 완전하고 정확하며 형식적인 표현을 얻을 수 있습니다. 이를 통해 안정적으로 무언가를 계산할 수 있습니다. 여러분도 알다시피 인간의 관심사에는 형식적인 계산 표현이 없습니다. 정확하지는 않더라도 자연어로 표현됩니다. 이러한 관점으로 보면 챗GPT는 매우 인상적인 능력을 발휘합니다.

인간과 마찬가지로 챗GPT도 좀 더 형식적이고 정확한 조수가 필요할 때가 있습니다. 그렇지만 원하는 것을 형식적이고 정확하게 말할 필요는 없습니다. 울프럼 알파는 챗GPT의 모국어에 해당하는 자연어로 의사소통할 수 있기 때문입니다. 울프럼 알파는 자신의 모국어인 울프럼 언어로 변환할 때 형식과 정확성을 추가합니다. 이것은 매우 바람직한 상황이며, 실용적인 잠재력이 크다고 생각합니다.

이러한 잠재력은 일반적인 챗봇이나 텍스트 생성 애플리케이션 수준에만 국한되지 않습니다. 데이터 과학이나 다른 형태의 계산 작업(또는 프로그래밍)으로도 확장할 수 있습니다. 이를테면 챗GPT가 이해하는 인간 세상과 울프럼 언어의 정밀한 계산 세상의 장점을 모두 얻을 수 있는 방법입니다.

챗GPT가 울프럼 언어를 직접 학습하는 건 어떨까요? 네, 그렇게 할 수 있고 실제로 이미 시작되었습니다. 챗GPT 같은 인공지능이 울프럼 언어에서 직접 작동되면 매우 강력할 것으로 기대합니다. 꽤 흥미롭고 독특한 상황입니다. 세상과 모든 사물에 대해 광범위하게 이야기할 수 있는 본격적인 계산 언어인 울프럼 언어의 특성 덕분에 가능한 일입니다.

울프럼 언어의 개념은 인간이 생각하는 것을 컴퓨터로 표현하고 작업하는 것입니다. 일반적인 프로그래밍 언어는 컴퓨터가 구체적으로 해야 할 일을 지시하는 방법을 제공합니다. 울프럼 언어는 본격적인 계산 언어로서 그 역할이 훨씬 더 큽니다. 사실상 인간과 컴퓨터가 모두 계산적으로 사고할 수 있는 언어가 되기 위한 것입니다.

수 세기 전 수학 표기법이 발명되자 인간은 처음으로 사물에 대해 수학적으로 사고하는 간결한 도구를 얻었습니다. 그 발명은 곧 대수학, 미적분학, 그리고 궁극적으로 다양한 수리과학으로 이어졌습니다. 울프럼 언어의 목표는 인간뿐만 아니라 계산적 사고에 대해서도 이와 유사한 작업을 수행해 계산 패러다임에 의해 열릴 수 있는 모든 '계산적 X' 분야를 가능하게 하는 것입니다.

필자도 울프럼 언어를 생각하기 위한 언어로 사용하면서 많은 도움을 받았습니다. 지난 수십 년 동안 사람들이 울프럼 언어를 통해 계산적으로 사고하고 많은 발전을 이루는 것을 보는 것은 정말 멋진 일이었습니다. 그렇다면 챗GPT는 어떨까요? 울프럼 언어와 챗GPT의 협업은 많은 사람에게 도움이 될 것입니다. 어떻게 작동할지는 아직 확실하지 않습니다. 하지만 울프럼 언어가 이미 알고 있는 계산 방법을 챗GPT가 학습하는 것은 아닙니다. 챗GPT가 사람처럼 울프럼 언어를 사용하는 방법을 배우는 것입니다. 자연어가 아닌 계산 언어로 작성된 창의적인 에세이를 챗GPT가 만드는 것이죠.

저는 자연어와 계산 언어를 혼합해 소통하기 위해 사람이 쓴 계산 에세이computational essay의 개념에 대해 오랫동안 논의해왔습니다. 챗GPT가 이러한 에세이를 작성한다면, 인간뿐만 아니라 컴퓨터에도 의미 있는 커뮤니케이션을 울프럼 언어를 사용해 전달할 수 있는지 궁금합니다. 물론 울프럼 언어 코드의 실행을 포함하는 피드백 루프가 가능합니다. 하지만 중요한 점은 울프럼 언어로 표현하는 아이디어의 풍부함과 제어 흐름은 일반적인 프로그래밍 언어와는 달리 챗GPT가 자연어로 마법처럼 만드는 글에 훨씬 더 가깝다는 점입니다.

다시 말해 울프럼 언어는 챗GPT를 위해 의미 있는 프롬프트를 작성할 수 있을 정도로 표현력이 자연어 수준으로 뛰어납니다. 울프럼 언어는 컴퓨터에서 직접 실행할 수 있습니다. 울프럼 언어를 챗GPT 프롬프트로 사용해 아이디어를 표현할 수도 있습니다. 이것은 특정한 계산 구조를 설명할 수 있으며, 이를 통해 챗GPT가 사람이 작성한 여러 글에서 학습한 것을 바탕으로 사람이 흥미로워할 만한 구조에 대해 계산적으로 말할 수 있습니다.

챗GPT의 예상치 못한 성공으로 흥미로운 가능성이 많이 열렸습니다. 현재로서는 울프럼 알파를 통해 챗GPT에 계산 지식의 초능력을 부여할 수 있습니다. 따라서 단순히 사람이 쓴 것 같은 출력을 생성하는 것이 아니라 울프럼 알파와 울프럼 언어에 캡슐화된 계산과 지식의 상아탑을 활용한 출력이 가능합니다.

2.5 추가 자료

- 'What Is ChatGPT Doing … and Why Does It Work?'(`wolfr.am/SW-ChatGPT`)
  - 실행 가능한 코드가 있는 이 책의 온라인 버전

- 'Machine Learning for Middle Schoolers'(`wolfr.am/ML-for-middle-schoolers`)
  - 머신러닝 기본 개념 소개

- 『Introduction to Machine Learning』(Wolfram Media, Inc., 2021)
  - 최신 머신러닝 가이드북(실행 가능한 코드 포함)
  - 종이책: `wolfr.am/IML-book`, 온라인: `wolfr.am/IML`

- Wolfram Machine Learning(`wolfr.am/core-ML`)
  - 울프럼 언어의 머신러닝 기능

- Wolfram U의 머신러닝 강의(`wolfr.am/ML-courses`)
  - 수준별로 제공하는 대화형 머신러닝 수업

- 'How Should We Talk to AIs?'(`wolfr.am/talk-AI`)
  - 자연어와 계산 언어로 AI와 소통하는 방법에 대한 글(2015년 작성)

- 울프럼 언어(`wolfram.com/language`)

- 울프럼 알파(`wolframalpha.com`)

챗GPT에 울프럼의 초능력을 더하다!

부록에서 설명하는 기능을 활성화하려면 챗GPT 내에서 울프럼 플러그인을 선택해 설치해야 합니다. 플러그인 기능은 현재 챗GPT 플러스 사용자만 사용할 수 있습니다. 자세한 내용은 오픈 AI의 공지 사항[1]을 참고하세요. GPT-4에서 울프럼 플러그인을 선택하는 화면은 다음과 같습니다.

A.1 두 달 반 만에...

본문에서 챗GPT를 울프럼 알파에 연결하는 가능성을 언급했었습니다. 그리고 그 글을 쓴 두 달 반이 지나서 그 일이 실제로 일어났습니다! 울프럼 알파 팀과 오픈 AI의 뛰어난 소프트웨어 엔지니어링 덕분에 챗GPT는 이제 울프럼 알파는 물론 울프럼 언어까지 호출할 수 있게 되었고, 훌륭한 계산 초능력도 얻었습니다. 아직 초기 단계이지만 매우 인상적이며 '챗GPT + 울프럼'은 놀랍도록 강력하며 심지어 혁명적입니다.

---

1   https://openai.com/blog/chatgpt-plugins

대규모 언어 모델인 챗GPT는 웹이나 책 등에서 읽은 것과 비슷한 텍스트를 생성하는 놀라운 능력을 갖지만, 복잡한 계산을 수행하거나 올바른 데이터를 체계적으로 생성하지는 못합니다. 하지만 울프럼 플러그인에 연결하면 이러한 작업을 수행할 수 있습니다. 2장에서 살펴본 예시를 다시 살펴보겠습니다. 이번에는 울프럼 플러그인을 설치한 챗GPT에서 수행한 결과입니다. 어떻게 결과가 달라졌는지 확인해봅시다.

 시카고에서 서울까지 거리가 얼마인가요?

Used **Wolfram** ⌄

시카고에서 서울까지의 거리는 약 10537킬로미터(또는 6548마일)입니다. 이는 지구 둘레의 약 1/4에 해당합니다.

직선거리로 이동할 경우, 소요되는 시간은 다음과 같습니다.

- 항공기(속도 550마일/시)로 이동할 경우 약 11시간 55분
- 소리의 속도로 이동할 경우 약 8시간 35분
- 광섬유를 통한 빛의 속도로 이동할 경우 약 49밀리초
- 진공 상태에서 빛의 속도로 이동할 경우 약 35밀리초

다음은 시카고에서 서울까지의 거리를 나타낸 지도입니다.

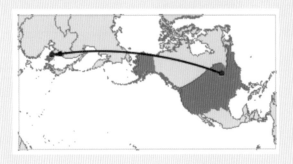

실제 계산을 통해 찾은 정확한 결과입니다. 여기에 지도로 시각화한 이미지까지 보여주네요.

어떻게 이렇게 작동하는 걸까요? 내부적으로 챗GPT는 울프럼 알파에 대한 쿼리를 만들어 울프럼 알파로 전송합니다. 그다음 반환된 결과를 읽고 무엇을 말할지 결정합니다. 'Used **Wolfram**' 버튼을 클릭하면 이 과정을 확인할 수 있습니다. 다음처럼 상자를 클릭해 출력된 내용을 확인해보면 챗GPT가 실질적으로 계산한 것이 없음을 확인할 수 있습니다.

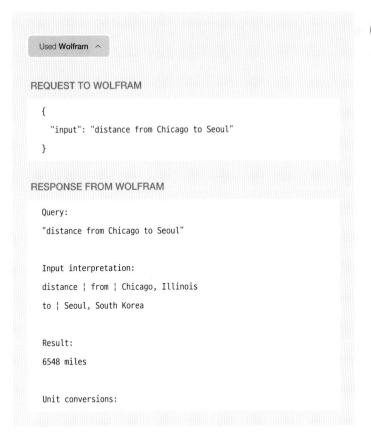

```
Used Wolfram  ∧
```

REQUEST TO WOLFRAM

```
{
    "input": "distance from Chicago to Seoul"
}
```

RESPONSE FROM WOLFRAM

```
Query:
"distance from Chicago to Seoul"

Input interpretation:
distance ┆ from ┆ Chicago, Illinois
to ┆ Seoul, South Korea

Result:
6548 miles

Unit conversions:
```

```
10537 km (kilometers)

1.054×10^7 meters

5690 nmi (nautical miles)

Direct travel times:
aircraft (550 mph) ¦ 11 hours 55 minutes
sound ¦ 8 hours 35 minutes
light in fiber ¦ 49 ms (milliseconds)
light in vacuum ¦ 35 ms (milliseconds)
(assuming constant-speed great-circle path)

Map:
image: https://www6b3.wolframalpha.com/Calculate/MSP/MSP21341cb
6aii8f1703gg900002f38i4gdb1af262d?MSPStoreType=image/png&s=7

Fraction of Earth circumference:
0.26 ≈ 1 / 4

Wolfram¦Alpha website result for "distance from Chicago to Seoul":
https://www.wolframalpha.com/input?i=distance+from+Chicago+to+Seoul
```

챗GPT와 울프럼 알파 양쪽에서 많은 일이 진행됩니다. 하지만 결론은 훌륭하고 정확하며, 멋지고 유려한 텍스트로 구성됩니다.

2장에서 살펴본 또 다른 예를 확인해보겠습니다.

x^2 cos(2x)의 부정적분은?

Used **Wolfram** ∨

$x^2 \cos(2x)$의 부정적분은 다음과 같습니다.

$$\frac{1}{4}((2x^2 - 1)\sin(2x) + 2x\cos(2x)) + C$$

여기서 C는 적분 상수입니다.

이 결과는 여러 가지 형태로 표현될 수 있습니다. 예를 들어 다음과 같은 형태도 가능합니다.

$$\frac{1}{2}x^2\sin(2x) - \frac{1}{4}\sin(2x) + \frac{1}{2}x\cos(2x) + C$$

또는 다음과 같이 테일러급수 확장을 사용해 $x = 0$에서의 급수 확장을 얻을 수 있습니다.

$$\frac{x^3}{3} - \frac{2x^5}{5} + \frac{2x^7}{21} + O(x^9)$$

이는 x가 0 근처일 때의 근삿값을 제공합니다.

울프럼 알파 결과와 일치하는 훌륭한 대답입니다. 또한 추가로 그래프를 그릴 수도 있습니다.

그래프를 그려주세요.

다음은 함수 $\frac{1}{4}((2x^2 - 1)\sin(2x) + 2x\cos(2x))$의 그래프입니다.

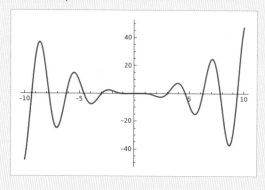

2장에서 다음 프롬프트가 주어졌을 때 챗GPT는 그럴듯하지만 잘못된 데이터를 구성하는 데 그쳤습니다. 이번에는 어떨까요?

튀르키예의 가축 수는 얼마인가요?

2020년 추정치에 따르면, 튀르키예의 가축 수는 다음과 같습니다.

- 소: 18백만 마리
- 닭: 379백만 마리
- 염소: 12백만 마리
- 돼지: 990마리
- 양: 42.1백만 마리

이제는 울프럼 플러그인을 호출해 정확하고 신뢰할 만한 답변을 제공합니다.
또한 추가로 시각화도 할 수 있습니다.

막대그래프로 그려주세요.

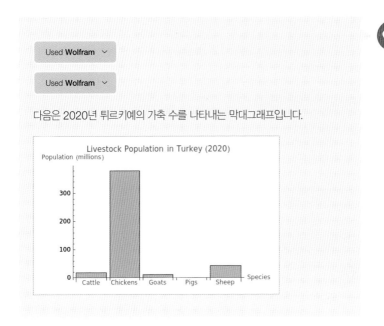

Used **Wolfram** ∨

Used **Wolfram** ∨

다음은 2020년 튀르키예의 가축 수를 나타내는 막대그래프입니다.

출력에서 두 개의 'Used **Wolfram**' 버튼을 클릭해보면 처음에 잘못된 그래프
명령에 대해 챗GPT가 (다소 인상적으로) 울프럼 플러그인과 대화하는 것을
볼 수 있습니다.

Used **Wolfram** ∧

REQUEST TO WOLFRAM

```
{
  "input": "BarChart[{18, 379, 12, 0.00099, 42.1}, ChartLabels
-> {\"Cattle\", \"Chickens\", \"Goats\", \"Pigs\", \"Sheep\"},
AxesLabel -> {\"Species\", \"Population (millions)\"}, Title ->
\"Livestock Population in Turkey (2020)\"]"
}
```

RESPONSE FROM WOLFRAM

```
"Title is not a valid option for BarChart. Use
\"Keys[Options[BarChart]]\" for a full list of available
options for BarChart"
```

Used **Wolfram** ∧

REQUEST TO WOLFRAM

```
{
  "input": "BarChart[{18, 379, 12, 0.00099, 42.1}, ChartLabels
-> {\"Cattle\", \"Chickens\", \"Goats\", \"Pigs\", \"Sheep\"},
AxesLabel -> {\"Species\", \"Population (millions)\"},
PlotLabel -> \"Livestock Population in Turkey (2020)\"]"
}
```

RESPONSE FROM WOLFRAM

```
"https://www.wolframcloud.com/obj/5fe38c62-4e6c-49ce-8d11-
c88ffe2fabb9"
```

2장에서 살펴본 위성 예시도 이제는 올바르게 출력됩니다.

 수성보다 큰 위성은 무엇인가요?

Used **Wolfram** ⌄

수성보다 큰 위성은 가니메데와 타이탄입니다.

- 가니메데는 목성의 위성으로, 평균 반지름이 1,635마일(2,631.2킬로미터)입니다. 갈릴레오 갈릴레이와 시몬 마리우스에 의해 1,610년에 발견되었습니다.

- 타이탄은 토성의 위성으로, 평균 반지름이 1,600마일(2,574.9킬로미터)입니다. 크리스티안 하위헌스에 의해 1,655년에 발견되었습니다.

이들은 모두 지구에서 매우 멀리 떨어져 있으며, 가니메데는 평균적으로 지구에서 5.26AU(천문단위), 타이탄은 9.58AU 떨어져 있습니다.

| Ganymede | Titan |

실제로 이 예시를 테스트할 때 결과가 다르게 (때로는 더 좋게, 때로는 더 나쁘게) 출력되더라도 놀라지 마세요. 챗GPT는 무작위성을 사용해 응답을 생성하기 때문에 새로운 세션에서 완전히 동일한 질문을 하더라도 다른 출력이 나올 수 있습니다. 매우 인간적이죠. 울프럼 알파와 울프럼 언어에서 얻을 수 있는 경험과는 다릅니다(울프럼에서는 정답이 정해져 있고 다시 물어봐도 결과가

바뀌지 않습니다).

여기서 특히 중요한 점은 챗GPT가 웹 페이지의 콘텐츠를 출력하는 것처럼 단순한 작업만 하는 게 아니라는 점입니다. 오히려 챗GPT가 필요할 때마다 울프럼 알파에 질문하고, 울프럼 알파는 답변을 제공함으로써 챗GPT를 위한 **진정한 보조 두뇌** 같은 역할을 합니다. 실제로 작동하는 모습을 보면 꽤 인상적입니다. 물론 더 많은 개선이 필요하겠지만 이미 구현된 기능만으로도 챗GPT가 정확하게 선별된 지식과 데이터를 제공하고, 복잡한 계산을 정확히 수행합니다.

이외에 다른 능력도 많습니다. 이미 챗GPT가 사용자 정의 시각화를 제공하는 사례를 보았습니다. 이전에는 한 번도 해본 적 없는 계산 기능을 통해 독창적인 콘텐츠를 만들 수 있습니다. 또 다른 장점은 순수한 챗GPT는 훈련 과정에서 학습한 내용에 제한되지만, 울프럼 알파를 호출하면 최신 데이터를 얻을 수 있다는 점입니다.[2]

즉, 실시간 데이터 피드[feed]를 기반으로 작업할 수 있다는 뜻입니다. 다음 예시는 두 장소의 온도 차를 물어본 프롬프트입니다. 'Used **Wolfram**'이 세 번 호출되었네요. 첫 번째 과정에서 질문을 이해하지 못하자 울프럼 알파에 각 장소의 온도를 한 번씩 질문한 뒤 결과를 도출했습니다.[3]

---

2 옮긴이_ 2023년 10월부터 챗GPT 플러스 사용자는 GPT-4 모델 아래 'Browse with Bing' 옵션을 선택해 웹에 있는 최신 데이터를 활용할 수 있습니다.

3 옮긴이_ 팀북투(Timbuktu)는 서아프리카에 있는 말리(Mali)의 도시입니다.

지금 팀북투가 뉴욕보다 얼마나 더 더운가요?

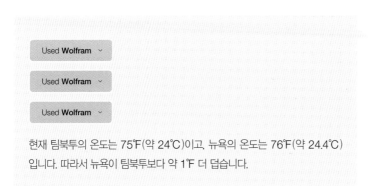

현재 팀북투의 온도는 75℉(약 24℃)이고, 뉴욕의 온도는 76℉(약 24.4℃)입니다. 따라서 뉴욕이 팀북투보다 약 1℉ 더 덥습니다.

또는 과학적인 예측 계산을 기반으로 계산할 수도 있습니다.

현재 지구와 목성 사이의 거리는 얼마인가요?

현재 지구와 목성 사이의 거리는 약 5.05AU(천문단위)입니다. 이는 약 7.554×10^8킬로미터 또는 469.4백만 마일에 해당합니다. 이 거리는 빛이 진공 상태에서 이동하는 데 약 42분이 걸립니다.

현재 목성의 위성 배치는 어떻게 되나요?

현재 목성의 갈릴레오 위성 배치는 다음과 같습니다.

이 그림에서 각 원은 목성의 갈릴레오 위성의 현재 위치를 나타냅니다. 가장 큰 네 개의 위성인 이오, 유로파, 가니메데, 칼리스토가 포함되어 있습니다.

다음과 같은 계산도 가능합니다.

서울에서 바라봤을 때 ISS 위치는 어디인가요?

Used Wolfram ✓

현재 국제우주정거장(ISS)은 서울에서 볼 수 없는 위치에 있습니다. 현재 대략 북위 43.57°, 서경 138.7°로, 캐나다 상공에 위치해 있습니다.

다음으로 ISS가 서울에서 볼 수 있는 위치로 올라오는 시간은 2023년 7월 25일 오후 5시 35분(KST)입니다.

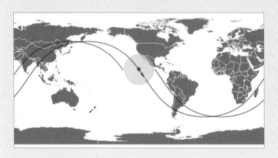

A.2 가능한 작업

울프럼 알파와 울프럼 언어에서 다룰 수 있는 작업은 상당히 많습니다.

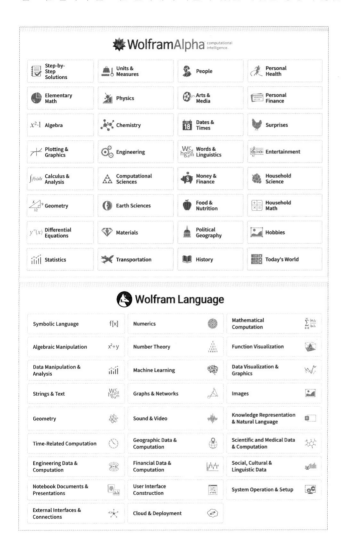

챗GPT에서 이 모든 것을 이용할 수 있게 되었으니 새로운 가능성의 폭과 깊이
가 엄청나게 넓어졌습니다. 몇 가지 예를 살펴보겠습니다.

A.2.1 알고리즘

비행기를 타고 중앙아메리카의 수도를 최단 거리로 이동하는 순서를 계산해 주세요.

Used **Wolfram** ∨

중앙아메리카는 특정한 국가를 가리키는 이름이 아니라, 여러 국가가 포함된 지역을 가리키는 용어입니다. 일반적으로 중앙아메리카에는 다음 국가들이 포함됩니다.

- 벨리즈
- 코스타리카
- 엘살바도르
- 과테말라
- 온두라스
- 니카라과
- 파나마

각 국가의 수도는 다음과 같습니다.

- 벨리즈: 벨모판
- 코스타리카: 산호세
- 엘살바도르: 산살바도르
- 과테말라: 과테말라시티
- 온두라스: 테구시갈파
- 니카라과: 마나과
- 파나마: 파나마시티

이제 이 도시들을 최단 거리로 이동하는 순서를 계산해보겠습니다.

Used **Wolfram** ˅

Used **Wolfram** ˅

비행기를 타고 중앙아메리카의 수도들을 최단 거리로 이동하는 순서는 다음과 같습니다.

1. 벨리즈: 벨모판
2. 과테말라: 과테말라시티
3. 엘살바도르: 산살바도르
4. 니카라과: 마나과
5. 코스타리카: 산호세
6. 파나마: 파나마시티
7. 온두라스: 테구시갈파
8. 다시 벨리즈: 벨모판으로 돌아옵니다.

이 경로의 총 거리는 약 1695해리(해리는 해상 마일을 의미합니다)입니다. 이는 약 3141킬로미터에 해당합니다.

이동 경로를 지도 위에 그려주세요.

Used **Wolfram** ˅

다음은 중앙아메리카의 수도들을 최단 거리로 이동하는 경로를 나타낸 지도입니다.

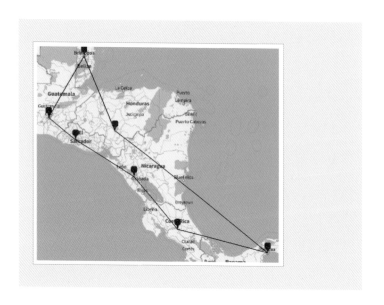

A.2.2 오디오

 'Hello World'의 합성 음성 스펙트로그램을 만들어주세요.

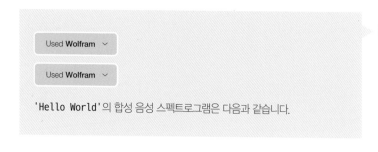

Used **Wolfram** ∨

Used **Wolfram** ∨

'Hello World'의 합성 음성 스펙트로그램은 다음과 같습니다.

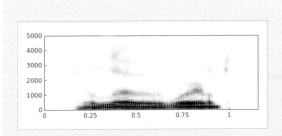

스펙트로그램은 시간에 따른 신호의 주파수를 보여줍니다. 색상의 진하기
는 해당 주파수에서의 신호 강도를 나타냅니다. 이 스펙트로그램은 `Hello
World`라는 문구를 합성 음성으로 변환한 후 그 음성의 주파수 내용을 시각
화한 것입니다.

A.2.3 환율

지난 5년간 달러-원화 환율은 어떻게 변동되었나요?

지난 5년 동안 달러-원화 환율은 다음과 같이 변동했습니다.

- 최소 환율: ₩1,083(2021년 1월 5일, 3년 전)
- 최대 환율: ₩1,443(2022년 10월 21일, 9개월 전)
- 평균 환율: ₩1,198(연변동성: 8.6%)

아래 링크에서 지난 5년 동안의 환율 변동을 확인할 수 있습니다.

- USD to KRW exchange rate past 5 years(`https://www.wolframalpha.com/input?i=USD+to+KRW+exchange+rate+past+5+years`)

참고로 환율은 여러 요인에 의해 영향을 받으므로, 이 정보는 과거의 데이터를 기반으로 한 것이며 미래의 환율을 예측하는 데 사용되어서는 안 됩니다.

 오늘의 환율은 얼마인가요?

Used **Wolfram** ✓

오늘의 달러–원화 환율은 1달러당 ₩1,281입니다(2023년 7월 24일 기준).

지난 1년 동안의 환율 변동은 다음과 같습니다.

- 1년 최소 환율: ₩1,225(2023년 2월 2일, 6개월 전)
- 1년 최대 환율: ₩1,443(2022년 10월 21일, 9개월 전)
- 1년 평균 환율: ₩1,322(연변동성: 12%)

환율은 여러 요인에 의해 영향을 받으므로, 이 정보는 오늘 데이터를 기반으로 한 것이며 미래의 환율을 예측하는 데 사용되어서는 안 됩니다.

A.2.4 함수 그래프

 복소평면에서 −5~+5 사이의 감마 함수를 3D 그래프로 그려주세요.

Used **Wolfram** ∨

복소평면에서 −5~+5 사이의 감마 함수의 절댓값을 나타내는 3D 그래프는
다음과 같습니다.

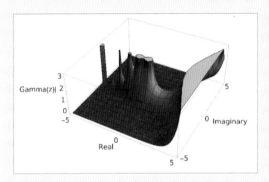

이 그래프에서 x축은 실수 부분, y축은 허수 부분, z축은 감마 함수의 절댓값
을 나타냅니다. 색상은 감마 함수의 절댓값의 크기를 나타내며, 빨간색이 가장
큰 값입니다.

A.2.5 지리 데이터

 대한민국에서 가장 인구가 많은 10개의 도시는 어디인가요?

Used **Wolfram** ⌄

Used **Wolfram** ⌄

대한민국에서 가장 인구가 많은 10개의 도시는 다음과 같습니다.

1. 서울: 9,682,126명
2. 부산: 3,525,913명
3. 인천: 2,978,367명
4. 대구: 2,492,994명
5. 대전: 1,535,028명
6. 광주: 1,477,780명
7. 수원: 1,170,878명
8. 울산: 1,163,690명
9. 성남: 994,271명
10. 청주: 838,689명

이 데이터는 가장 최근의 인구 추정치를 기반으로 합니다.

Used **Wolfram** ∨

다음은 대한민국에서 가장 인구가 많은 10개의 도시를 지도 위에 표시한 것입니다.

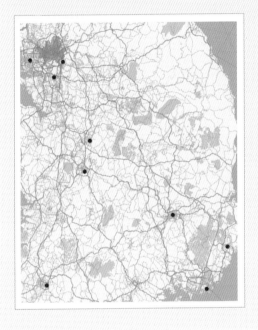

A.2.6 음악

Ab 마이너의 조표는 무엇인가요?

Used **Wolfram** ∨

Ab 마이너의 조표는 다음과 같습니다.

이 조표에는 B♭, E♭, A♭, D♭, G♭, C♭, F♭, 7개의 플랫이 있습니다.

따라서 Ab 마이너 스케일은 다음과 같습니다. A♭, B♭, C♭, D♭, E♭, F♭, G♭, A♭.

A.2.7 포켓몬

 피카츄의 변신 전후 모습을 보여주세요.

Used **Wolfram** ⌄

Used **Wolfram** ⌄

피카츄는 포켓몬스터 시리즈에 등장하는 전기 타입의 포켓몬입니다. 피카츄는
피츄에서 진화하며, 특정 조건을 충족시키면 라이츄로 진화합니다.

피카츄의 모습   **피카츄가 진화한 라이츄의 모습**

피카츄와 라이츄 모두 전기 타입의 포켓몬으로, 피카츄는 라이츄보다 작고 가
벼우며, 라이츄는 피카츄보다 더 강력한 전기 공격을 합니다.

A.3 사람 + AI의 최신 워크플로

챗GPT는 사람과 대화를 주고받습니다. 만약 이 대화에 실제 연산과 계산 지식이 포함되면 무엇을 할 수 있을까요? 다음은 한 가지 예입니다. 먼저 국제적인 정보를 질문해보죠.

전 세계에서 소고기를 가장 많이 생산하는 10개 나라는 어디인가요?

Used **Wolfram** ∨

Used **Wolfram** ∨

Used **Wolfram** ∨

전 세계에서 소고기를 가장 많이 생산하는 10개 나라는 다음과 같습니다.

1. 미국: 13.61백만 단반톤[4]/년

2. 브라질: 11.24백만 단반톤/년

3. 중국: 6.538백만 단반톤/년

4. 아르헨티나: 3.457백만 단반톤/년

5. 호주: 2.592백만 단반톤/년

6. 멕시코: 2.235백만 단반톤/년

7. 러시아: 1.791백만 단반톤/년

8. 프랑스: 1.575백만 단반톤/년

4 　옮긴이_ 원문은 미국톤(short ton)으로 1,000킬로그램을 의미합니다. 챗GPT가 short ton을 단반톤으로 잘못 번역한 예시입니다.

9. 캐나다: 1.531백만 단반톤/년

10. 파키스탄: 1.252백만 단반톤/년

이 데이터는 가장 최근의 생산량을 기반으로 합니다.

각 'Used **Wolfram**' 버튼을 클릭하면 올바른 질문이 던져졌는지, 울프럼 알파가 전송한 원시 응답이 무엇인지 확인할 수 있습니다. 계속해서 지도를 그려달라고 요청해보죠.

이 나라들을 지도 위에 표시해주세요.

Used **Wolfram** ⌄

Used **Wolfram** ⌄

전 세계에서 소고기를 가장 많이 생산하는 10개의 나라를 지도에 표시하면 다음과 같습니다.

히트맵^{heatmap} 지도가 필요할 수도 있습니다. 이번에도 울프럼 알파를 사용해
히트맵을 그려달라고 요청하면 됩니다.

이 지도를 히트맵으로 표시해주세요.

Used **Wolfram** ∨

전 세계에서 소고기를 가장 많이 생산하는 10개의 나라를 히트맵으로 표시하
면 다음과 같습니다.

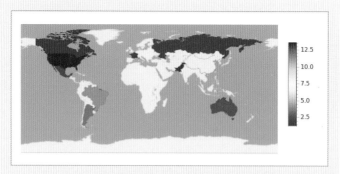

이 히트맵에서 색상의 진하기는 해당 나라에서 생산되는 소고기의 양을 나타
냅니다. 더 진한 색상은 더 많은 소고기를 생산하는 것을 의미합니다.

웹 정보 기반인 챗GPT의 일반 지식을 활용해 히트맵보다 더 예쁜 지도를 사용해봅시다.

로빈슨 도법을 사용해 그려주세요.

Used **Wolfram** ∨

Used **Wolfram** ∨

로빈슨 도법을 사용해 전 세계에서 소고기를 가장 많이 생산하는 10개 나라를 히트맵으로 표시하면 다음과 같습니다.

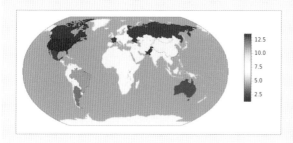

이 히트맵에서 색상의 진하기는 해당 나라에서 생산되는 소고기의 양을 나타냅니다. 더 진한 색상은 더 많은 소고기를 생산하는 것을 의미합니다. 로빈슨 도법은 지도의 왜곡을 최소화하는 방법 중 하나로, 특히 면적과 거리 왜곡을 줄이는 데 효과적입니다.

좋습니다. 지금까지 사람과 AI가 **협업**해 결과물을 만들었습니다. 점진적으로 원하는 것을 말했고, AI(즉, 챗GPT + 울프럼)는 계속해서 이를 발전시켰습니다. 실제로 우리가 얻은 걸 뭘까요? 바로 울프럼 언어 코드입니다. 'Used **Wolfram**' 버튼을 클릭하거나 챗GPT에 다음과 같이 물어보세요.

사용한 코드를 보여주세요.

물론이죠. 소고기 생산량에 따른 히트맵을 그리는 데 사용한 코드는 다음과 같습니다.

wolfram

```
countries = {Entity["Country", "UnitedStates"],
             Entity["Country", "Brazil"],
             Entity["Country", "China"],
             Entity["Country", "Argentina"],
             Entity["Country", "Australia"],
             Entity["Country", "Mexico"],
             Entity["Country", "Russia"],
             Entity["Country", "France"],
             Entity["Country", "Canada"],
             Entity["Country", "Pakistan"]};
production = {13.61, 11.24, 6.538, 3.457, 2.592, 2.235, 1.791,
1.575, 1.531, 1.252};
data = AssociationThread[countries, production];
GeoRegionValuePlot[data, ColorFunction -> "TemperatureMap",
             PlotLegends -> Automatic,
             GeoProjection -> "Robinson"]
```

이 코드는 먼저 각 나라와 소고기 생산량을 연관 짓습니다. 그런 다음 Geo-
RegionValuePlot 함수를 사용해 이 데이터를 기반으로 히트맵을 생성합
니다. ColorFunction -> "TemperatureMap"은 색상 스키마를 설정하고,
PlotLegends -> Automatic은 범례를 자동으로 생성합니다. 마지막으로
GeoProjection -> "Robinson"은 로빈슨 도법을 사용해 지도를 투영합
니다.

이 코드를 울프럼 노트북[5]에 복사하면 즉시 실행할 수 있습니다.

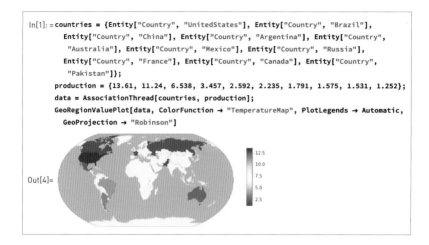

```
In[1]:= countries = {Entity["Country", "UnitedStates"], Entity["Country", "Brazil"],
    Entity["Country", "China"], Entity["Country", "Argentina"], Entity["Country",
    "Australia"], Entity["Country", "Mexico"], Entity["Country", "Russia"],
    Entity["Country", "France"], Entity["Country", "Canada"], Entity["Country",
    "Pakistan"]};
    production = {13.61, 11.24, 6.538, 3.457, 2.592, 2.235, 1.791, 1.575, 1.531, 1.252};
    data = AssociationThread[countries, production];
    GeoRegionValuePlot[data, ColorFunction → "TemperatureMap", PlotLegends → Automatic,
    GeoProjection → "Robinson"]

Out[4]=
```

> **NOTE** 이 코드에는 소고기 생산량에 대한 원래의 쿼리가 아닌 명시적인 숫자만 포함되어 있어 약간 아쉽습니다. 챗GPT가 원래의 질문에 대한 울프럼 알파의 답변으로 울프럼 언어 코드를 만들었기 때문에 이런 현상이 나타납니다. 하지만 이 전체 시퀀스가 울프럼 노트북에서도 작동한다는 사실이 매우 인상적입니다.

A.4 작동 원리 및 AI 활용하기

챗GPT와 울프럼 플러그인의 내부에서는 어떤 일이 일어나고 있을까요? 챗GPT는 웹 등의 데이터로부터 훈련되어 주어진 텍스트로부터 합리적인 텍스트를 연속으로 생성하는 대규모 언어 모델(LLM)이라는 것을 기억하세요. 훈련 마지막 단계에서 챗GPT는 사람과 대화하는 방법과 언제 어떤 것을 질문해야

5 https://www.wolfram.com/notebooks

하는지도 학습합니다. 여기서 질문의 대상은 사람일 수도 있고 플러그인일 수도 있습니다. 다시 말해 울프럼 플러그인을 언제 호출해야 하는지도 학습합니다.

울프럼 플러그인에는 실제로 두 가지 진입점이 있습니다. 울프럼 알파와 울프럼 언어입니다. 어떤 면에서 울프럼 알파는 챗GPT가 다루기 더 쉬운 플러그인입니다. 궁극적으로는 울프럼 언어가 더 강력합니다. 울프럼 알파가 더 쉬운 이유는 챗GPT가 일상적으로 처리하는 '자연어'를 입력으로 받기 때문입니다. 울프럼 알파는 일반적인 자연어 입력을 처리할 수 있도록 설계되어 있어 정제되지 않은 텍스트 입력도 잘 처리합니다.

반면에 울프럼 언어는 정확하고 잘 정의되어 있으며, 정교한 계산을 수행하는 데 사용합니다. 울프럼 알파 내부에서는 자연어를 정확한 울프럼 언어로 변환합니다. 사실상 부정확한 자연어를 정확한 울프럼 언어로 변환하는 것이죠.

챗GPT가 울프럼 플러그인을 호출할 때 울프럼 알파에 자연어를 전달하는 경우가 많습니다. 현재까지 챗GPT는 울프럼 언어 자체에 대해 어느 정도 학습된 상태입니다. 나중에 설명하겠지만 결국에는 울프럼 언어가 더 유연하고 강력한 의사소통 방법입니다. 하지만 울프럼 언어 코드가 정확하지 않으면 작동하지 않습니다. 여기까지 도달하는 것은 부분적으로 훈련의 문제입니다. 하지만 또 다른 한 가지가 있습니다. 후보 코드가 주어지면 울프럼 플러그인이 이를 실행하고, 여러 오류가 발생하는 것처럼 결과가 명백히 잘못된 경우, 챗GPT는 코드를 수정해 다시 실행해봅니다. 좀 더 자세히 말하자면 챗GPT가 테스트를 생성해 이를 실행해보고, 테스트가 실패하면 코드를 변경합니다.

아직 개발해야 할 부분이 더 있지만, 챗GPT가 여러 번 왔다 갔다 하는 것을 가끔 볼 수 있습니다. 예를 들어 울프럼 알파 쿼리에서 관련 없는 부분을 제거해 쿼리를 단순하게 다시 작성하거나, 울프럼 알파와 울프럼 언어 사이에서 전환을 결정하거나, 울프럼 언어 코드를 다시 작성하는 거죠. 이러한 작업을 수행하는 방법을 알려주는 것은 플러그인 프롬프트의 역할입니다.

프롬프트를 작성하는 일은 외계 지능*alien intelligence*과 처음으로 소통을 시도하는 것처럼 낯선 경험입니다. 물론 이 외계 지능이 인간이 작성한 방대한 텍스트 말뭉치로 훈련한 것이 도움이 됩니다. 예를 들어 진부한 SF 소설의 외계인처럼 이 외계 지능은 영어를 알고 있습니다. 그리고 사용자의 입력이 영어가 아닌 다른 언어라면 이를 영어로 번역하고, 적절한 쿼리를 울프럼 알파에 보낸 다음 원래 입력된 언어로 응답을 제공합니다.

때로는 꽤 고지식해야 합니다(대문자를 눈여겨보세요). 울프럼 언어로 코드를 작성할 때는 변수 이름에 스네이크 표기법*snake case*을 사용하지 말고 항상 카멜 표기법*camel case*을 사용해야 합니다. 이러한 규칙에도 불구하고 챗GPT는 이따금 잘못된 작업을 수행합니다. 프롬프트 엔지니어링의 전체 과정은 마치 동물과 씨름하는 것과 같습니다. 사용자는 원하는 것을 챗GPT가 수행하게끔 만들고 싶지만 이를 달성하기 위해 무엇이 필요한지 알기 어렵습니다.

결국 이런 과정은 훈련이나 프롬프트에서 처리될 것으로 예상합니다. 다만 지금의 챗GPT는 울프럼 플러그인이 언제 유용한지 잘 모르는 경우가 종종 있습니다. 예를 들어 다음 예시에서 챗GPT는 프롬프트가 DNA 서열이라고 추측하지만, (적어도 이 세션에서는) 울프럼 플러그인이 이 서열로 무엇을 할 수 있다고 생각하지 않습니다.

ATTGTTAGTTAAAT

입력하신 'ATTGTTAGTTAAAT'는 DNA 서열로 보입니다. DNA 서열은 생명체의 유전 정보를 담고 있는 DNA 분자의 구조를 나타내는 문자열입니다. 이 문자열은 4가지 문자, 즉 A, T, G, C로 이루어져 있으며, 이들은 아데닌(A), 티민(T), 구아닌(G), 시토신(C)이라는 4가지 염기를 나타냅니다.

이 DNA 서열에 대한 특정 질문이나 요청이 있으신가요? 예를 들어 이 서열의 상보적인 서열을 찾거나, 이 서열이 특정 유전자를 나타내는지 등에 대해 알고 싶으신 건가요?

하지만 울프럼 플러그인을 사용하라고 지시하면 울프럼 플러그인으로 데이터를 전송해 이를 적절히 잘 처리합니다.

울프럼 플러그인을 사용하세요.

Used **Wolfram** ∨

'ATTGTTAGTTAAAT' DNA 서열에 대한 정보는 다음과 같습니다.

- 이 서열의 길이는 14개의 염기 쌍입니다.
- 이 서열을 아미노산 서열로 번역하면 (5'-3' 프레임 1)에서 Ile (Isoleucine), Val(Valine), Ser(Serine), STOP 순서로 나타납니다.
- 표준 PCR 조건에서 이 서열의 멜팅 온도melting tempreature는 42.1℃입니다.
- 이 서열은 인간 참조 게놈에서 여러 위치에서 정확하게 일치합니다. 총 62개의 일치하는 위치가 있으며, 이는 무작위로 염기가 나타나는 것을 가정했을 때 예상되는 일치 수인 23개보다 많습니다.

이 DNA 서열은 인간의 여러 염색체에서 발견되며, 각각의 위치는 특정 유전자와 연관됩니다. 예를 들어 이 서열은 인간의 1번 염색체에서 6번, 2번 염색체에서 5번, 3번 염색체에서 5번 등에서 발견되며, 이 위치들은 각각 다른 유전자와 연관됩니다.

NOTE   이따금 울프럼 알파 또는 울프럼 언어를 사용하라고 구체적으로 말하고 싶을 수도 있습니다. 특히 울프럼 언어의 경우, 전송된 코드를 살펴보고 실제로 존재하지 않는 함수는 사용하지 말라고 지시할 수도 있습니다.

울프럼 플러그인은 울프럼 언어 코드가 주어지면 기본적으로 해당 코드를 평가하고 그 결과를 그래픽이나 수학 공식, 텍스트로 반환합니다. 하지만 울프럼 알파 입력이 주어지면, 특수한 울프럼 알파의 LLM용 API 엔드포인트로 전송됩니다. 결과는 챗GPT에서 읽을 수 있는 텍스트로 반환됩니다. 이는 챗GPT가 향후 작성할 텍스트를 위한 추가 프롬프트로 사용할 수 있습니다. 예를 들어 살펴보죠.

런던을 기준으로 지구 반대쪽에 있는 바다의 깊이는 얼마인가요?

Used **Wolfram** ⌄

런던을 기준으로 지구 반대편에 위치한 지점의 깊이는 약 16,699피트(약 5,090미터)입니다. 이 지점은 남위 51° 30´, 동경 179° 53´에 위치하며, 지도에서 대략적인 위치는 다음과 같습니다.

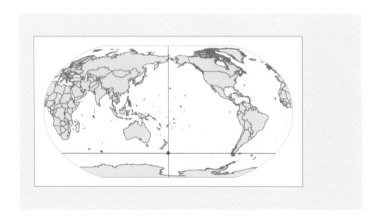

질문에 대한 답변과 챗GPT가 포함시킨 다른 정보가 포함된 멋진 텍스트가 생
성됩니다. 'Used **Wolfram**' 버튼을 클릭하면 울프럼 플러그인과 울프럼 알파
의 LLM 엔드포인트가 실제로 수행한 작업을 확인할 수 있습니다.

```
To use as London (Ohio, USA) set assumption=*DPClash.CityE.
London-_**London.Ohio.UnitedStates--
To use as London (Kentucky, USA) set assumption=*DPClash.CityE.
London-_**London.Kentucky.UnitedStates--
To use as London (Arkansas, USA) set assumption=*DPClash.CityE.
London-_**London.Arkansas.UnitedStates--
To use as London (California, USA) set assumption=*DPClash.
CityE.London-_**London.California.UnitedStates--
To use as London (Kiribati) set assumption=*DPClash.CityE.
London-_**London.Kiritimati.Kiribati--

Input interpretation:
antipode ¦ London, Greater London, United Kingdom

Result:
51° 30'S, 179° 53'E

Map:
image: https://www6b3.wolframalpha.com/Calculate/MSP/MSP127812c
ggb2a7d45e7h100004bg486acia99bb23?MSPStoreType=image/png&s=1

Local depth:
16699 feet

Local map:
image: https://www6b3.wolframalpha.com/Calculate/MSP/MSP127912c
ggb2a7d45e7h100004f772bah813ed828?MSPStoreType=image/png&s=1

Wolfram¦Alpha website result for "antipode of London":
https://www.wolframalpha.com/input?i=antipode+of+London
```

멋진 사진과 꽤 많은 추가 정보가 있지만 챗GPT는 답변으로 몇 가지 정보만

채택했습니다.

여기서 강조하고 싶은 점은, 여러분에게 필요한 정보를 확실하게 얻고 싶다면 항상 챗GPT가 실제로 울프럼 플러그인에 무엇을 보냈는지, 플러그인은 무엇을 반환했는지 확인해야 한다는 것입니다. 울프럼 플러그인에 추가된 중요한 기능 중 하나는 챗GPT의 출력이 사실에 맞는지 확인하는 기능입니다. 이를 통해 챗GPT가 상상력을 사용하는 경우와 확실한 사실을 전달하는 경우를 구분할 수 있습니다.

종종 무슨 일이 일어나고 있는지 이해하고 싶다면 울프럼 플러그인에서 전송된 내용을 울프럼 알파 웹사이트나 울프럼 언어 시스템(울프럼 클라우드^{Wolfram Cloud})에 직접 입력해보세요.

A.5 사람 + AI의 협업을 위한 울프럼 언어

챗GPT의 가장 큰 장점은 대략적인 설명으로 에세이, 편지, 법률 문서 등과 같이 세련되고 완성된 결과물을 생성할 수 있다는 점입니다. 과거에는 수작업으로 상용구를 수정하고, 서로 이어 붙여 이러한 작업을 완수했습니다. 하지만 챗GPT는 이 과정을 거의 쓸모없게 만들었습니다. 웹에서 읽은 다양한 상용구를 흡수한 결과, 필요에 따라 이를 매끄럽게 적용한 결과를 제공합니다.

그렇다면 코드는 어떨까요? 기존 프로그래밍 언어에서는 코드를 작성하는 데 상용구 코드를 활발히 활용하는 경향이 있습니다. 실제로 프로그래밍 언어를 사용하는 많은 프로그래머는 웹에서 큰 코드 덩어리를 복사해 프로그램을 구축하는 데 많은 시간을 쏟습니다. 하지만 이제 챗GPT를 사용하면 이러한 작업이 상당히 불필요해집니다. 사람이 코드 일부만 입력해도 거의 모든 종류의 상용구 코드를 자동으로 조합하기 때문입니다.

물론 사람의 입력이 있어야 합니다. 그렇지 않으면 챗GPT가 어떤 프로그램을 작성해야 하는지 알 수 없기 때문입니다. 하지만 왜 코드에 상용구 코드가 있어야 하는지 궁금할 수도 있습니다. 상용구 코드 없이 사람의 입력만 사용하는 언어가 있어야 하지 않을까요?

여기에 문제가 있습니다. 전통적인 프로그래밍 언어는 컴퓨터 용어로 컴퓨터가 무엇을 해야 하는지 지시하는 데 중점을 둡니다. 예를 들면 변수를 설정하고, 조건을 테스트하는 등입니다. 하지만 꼭 그렇게 할 필요는 없습니다. 그 대신 정반대쪽에서 접근하는 거죠. 사람들이 자연스럽게 생각하는 것을 컴퓨터가 이해할 수 있도록 표현하고, 이를 실제로 컴퓨터에서 구현하는 과정을 자동화하는 것입니다.

이것이 바로 필자가 40년 이상 연구해온 것입니다. 현재 제가 '완전한 계산 언어'라고 부르는 울프럼 언어의 기초가 된 개념입니다. 즉, 그래프, 이미지, 미분방정식, 도시, 화학, 회사, 영화 등 우리가 세상에서 이야기하는 추상적인 것과 현실적인 것 모두에 대한 계산적 표현이 언어에 포함되어 있다는 의미입니다.

자연어부터 시작하면 어떨까요? 울프럼 알파의 성공에서 알 수 있듯이 어느 정도까지는 가능합니다. 하지만 좀 더 정교한 것을 지정하려고 하면 자연어는 난해한 법률 용어와 같이 이해하기 어려워지며, 좀 더 구조화된 표현 방법이 필요합니다.

역사 속에서 비슷한 예를 살펴보자면 수학을 들 수 있습니다. 약 500년 전까지만 해도 수학을 표현하는 거의 유일한 방법은 자연어였습니다. 하지만 수학 표기법이 발명되고 대수학, 미적분학, 나아가 다양한 수리과학이 개발되면서 수

학은 비약적인 발전을 이루었습니다.

울프럼 언어의 가장 큰 목표는 계산적으로 표현할 수 있는 모든 것에 대해 동일한 작업을 수행할 수 있는 계산 언어를 만드는 것입니다. 이를 달성하기 위해서는 많은 작업을 자동으로 수행하면서 본질적으로 많은 것을 알고 있는 언어를 구축해야 했습니다. 그 결과 전통적인 수학 표기법을 통해 수학적으로 표현할 수 있는 것처럼 사람들이 편리하게 계산적으로 표현할 수 있는 언어가 탄생했습니다. 중요한 점은 기존의 프로그래밍 언어와 달리 울프럼 언어는 컴퓨터뿐만 아니라 사람도 읽을 수 있도록 고안되었다는 점입니다. 즉, 컴퓨터뿐만 아니라 인간에게도 계산 아이디어를 전달하기 위한 구조화된 방법입니다.

이제 챗GPT를 사용하게 되면서 이러한 기능이 이전보다 훨씬 더 중요해졌습니다. 위에서 살펴본 바와 같이 챗GPT는 울프럼 언어와 함께 사용하므로 자연어를 사용해 계산 아이디어를 구현할 수 있습니다. 우리가 이야기하는 것을 울프럼 언어로 직접 표현할 수 있다는 점이 가장 중요합니다. 또한 챗GPT가 생성한 울프럼 언어 코드를 사람이 현실적이고 경제적으로 읽을 수 있기 때문에 현재 진행 과정도 알 수 있습니다.

챗GPT의 울프럼 플러그인을 통하면 모든 것이 매우 훌륭하게 작동합니다. 다음은 질문받은 내용을 챗GPT가 울프럼 언어 버전으로 쉽게 생성하는 간단한 예입니다.

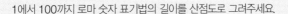

1에서 100까지 로마 숫자 표기법의 길이를 산점도로 그려주세요.

Used **Wolfram** ⌄

Used **Wolfram** ⌄

1에서 100까지의 수를 로마 숫자로 표현했을 때 각 숫자의 길이를 산점도로
나타내면 다음과 같습니다.

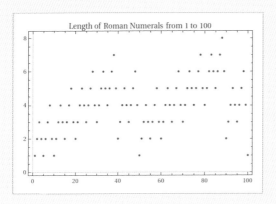

이 그래프에서 x축은 1에서 100까지의 수를, y축은 해당 수를 로마 숫자로
표현했을 때의 길이를 나타냅니다. 로마 숫자의 길이는 해당 숫자를 표현하는
데 필요한 문자의 수를 의미합니다.

각 점을 연결해서 그려주세요.

Used **Wolfram** ∨

Used **Wolfram** ∨

Used **Wolfram** ∨

1에서 100까지의 수를 로마 숫자로 표현했을 때 각 숫자의 길이를 선으로 연결한 그래프는 다음과 같습니다.

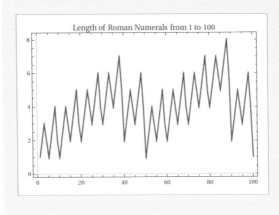

사용한 코드를 보여주세요.

물론이죠. 로마 숫자의 길이를 그래프로 그리는 데 사용한 코드는 다음과 같습니다.

```
romanNumerals = Table[IntegerString[i, "Roman"], {i, 1, 100}];
lengths = StringLength /@ romanNumerals;
ListLinePlot[lengths, PlotTheme -> "Scientific", AxesLabel ->
{"Number", "Length
of Roman Numeral"}, PlotLabel -> "Length of Roman Numerals from
1 to 100"]
```

이 코드는 먼저 1에서 100까지의 각 수를 로마 숫자로 변환합니다(IntegerString[i, "Roman"]). 그런 다음 각 로마 숫자의 길이를 계산하고 (StringLength), 이 길이를 선으로 연결한 그래프를 그립니다(ListLinePlot). PlotTheme -> "Scientific"은 그래프의 스타일을 설정하고, AxesLabel과 PlotLabel은 축 레이블과 그래프 제목을 설정합니다.

중요한 점은 현실적으로 코드를 읽을 수 있다는 것입니다. 제가 코드를 작성했다면 다음과 같이 더 간결한 RomanNumeral 함수[6]를 사용했을 겁니다.

```
romanNumerals = Table[IntegerString[i, "Roman"], {i, 1, 100}];
lengths = StringLength /@ romanNumerals;
ListLinePlot[Table[{i, StringLength[IntegerString[i, "Roman"]]}, {i, 1, 100}],
  AxesLabel -> {"Number", "Length"},
  PlotLabel -> "Length of Roman Numeral Representations"]
```

다음은 또 다른 예입니다.

3의 처음 100번의 거듭제곱에 있는 첫 번째 숫자의 분포에 대한 히스토그램을 그려주세요.

---

6 https://reference.wolfram.com/language/ref/RomanNumeral.html

3의 처음 100번의 거듭제곱에 있는 첫 번째 숫자의 분포에 대한 히스토그램은 다음과 같습니다.

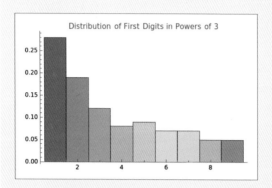

이 히스토그램에서 x축은 첫 번째 숫자를, y축은 해당 숫자가 나타난 확률을 나타냅니다. 이 결과는 벤포드의 법칙을 따르는 것으로 보입니다. 벤포드의 법칙은 많은 실생활 데이터 세트에서 첫 번째 숫자의 분포가 균일하지 않고, 작은 숫자가 더 자주 나타난다는 경험적인 법칙입니다.

 사용한 코드를 보여주세요.

물론이죠. 3의 처음 100번의 거듭제곱에 있는 첫 번째 숫자의 분포에 대한 히스토그램을 그리는 데 사용한 코드는 다음과 같습니다.

wolfram

```
powersOfThree = Table[3^i, {i, 1, 100}];
firstDigits = IntegerDigits[powersOfThree, 10][[All, 1]];
```

```
Histogram[firstDigits, {1}, "Probability", ChartStyle ->
"Pastel", ChartLabels -> {None, Automatic}, PlotLabel ->
"Distribution of First Digits in Powers of 3"]
```

이 코드는 먼저 3의 처음 100번의 거듭제곱을 계산합니다(**Table[3^i]**).

저라면 코드를 조금 다르게 작성했겠지만, 이 역시 가독성이 매우 높습니다.

```
powersOfThree = Table[3^i, {i, 1, 100}];
firstDigits = IntegerDigits[powersOfThree, 10][[All, 1]];
Histogram[IntegerDigits[3^Range[100], 10][[All, 1]], {1}, "Probability",
  FrameLable -> {"First Digit", "Probability"}]
```

다음과 같이 울프럼 언어와 영어를 함께 사용해 원하는 것을 말할 수 있습니다.

 Table[0에서 1까지 0.05씩 변하는 x, y에 대한 **Hue[x y]**]

Used **Wolfram** ∨

0에서 1까지 0.05씩 변하는 x, y에 대한 **Hue[x∗y]**를 사용해 만든 색상 테이블은 다음과 같습니다.

이 그림에서 x와 y의 값이 모두 0에서 1 사이로 변하면서 생성되는 색상의 변화를 볼 수 있습니다. **Hue** 함수는 0에서 1 사이의 값을 입력으로 받아서 색상을 생성합니다. 따라서 x∗y의 값이 0에서 1 사이로 변하면서 다양한 색상이 생성됩니다.

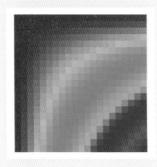

 사용한 코드를 보여주세요.

물론이죠. 0에서 1까지 0.05씩 변하는 x, y에 대한 Hue[x∗y]를 사용해 색상
테이블을 그리는 데 사용한 코드는 다음과 같습니다.

wolfram

```
colorTable = Table[Hue[x*y], {x, 0, 1, 0.05}, {y, 0, 1, 0.05}];
ArrayPlot[colorTable, ColorFunction -> Identity, Frame ->
False]
```

이 코드는 먼저 Table 함수를 사용해 x와 y의 값이 각각 0에서 1까지 0.05씩
변하면서 Hue[x∗y]를 계산합니다. 그런 다음 ArrayPlot 함수를 사용해 이
색상 테이블을 그립니다. ColorFunction -> Identity는 ArrayPlot이 색
상 테이블의 값을 그대로 색상으로 사용하도록 합니다. 마지막으로 Frame ->
False는 그림에 프레임을 그리지 않도록 합니다.

다음은 챗GPT가 울프럼 언어를 성공적으로 작성하고, 실제로 올바른 계산을 하는지 확인하는 예입니다.

저항이 가장 높은 알칼리 금속을 찾아주세요. 여기에 사용한 전체 코드를 보여주고 설명해주세요.

Used **Wolfram** ∨

Used **Wolfram** ∨

알칼리 금속 중에서 가장 저항이 높은 것은 세슘(Cs)입니다. 세슘의 저항성(Resistivity)은 약 2×10^{-7} Ωm(옴 미터)입니다.

이를 찾는 데 사용한 코드는 다음과 같습니다.

1. 알칼리 금속을 찾습니다.

wolfram

```
WolframAlpha["alkali metals"]
```

이 코드는 알칼리 금속의 목록을 반환합니다.

2. 각 알칼리 금속의 저항성을 찾습니다.

wolfram

```
WolframAlpha["resistivity of cesium"]
```

이 코드는 세슘의 저항성을 반환합니다.

이 코드는 울프럼 언어를 사용해 울프럼 알파의 자연어 처리 기능을 활용합니다. 울프럼 알파는 복잡한 자연어 질문을 이해하고, 적절한 계산을 수행하거나 정보를 검색해 답변을 제공합니다. 이 코드는 알칼리 금속의 목록을 찾은 다음, 각 금속의 저항성을 찾아 가장 높은 저항성을 가진 금속을 찾습니다.

이런 작업을 수행하기 위해서는 울프럼 언어가 어떤 의미에서 독립적이어야 합니다. 챗GPT가 사용하는 코드는 표준적인 일반 울프럼 언어 코드이며, 외부에 의존하지 않습니다. 코드에 등장하는 모든 것에 대한 정의는 울프럼 언어 문서[7]에서 찾아볼 수 있습니다.

지금까지는 기본적으로 자연어를 활용해 울프럼 언어 코드를 만들었습니다. 하지만 의사 코드나 저수준 프로그래밍 언어의 코드를 사용할 수도 있습니다. 챗GPT는 이러한 코드로부터 울프럼 언어 코드를 생성하는 매우 뛰어난 능력을 가지고 있습니다. 코드가 항상 정확하지는 않지만 언제든지 울프럼 플러그인을 사용해 코드를 실행하고, 울프럼 언어의 기호적 특성 덕분에 각 줄이 잠재적으로 어떤 기능을 수행하는지 확인할 수 있습니다. 그리고 울프럼 언어의 고수준 계산 언어 특성으로 인해 코드가 충분히 명확하고 (적어도 국부적으로는) 간단합니다. 특히 실행한 후에는 코드가 무엇을 하는지 쉽게 이해할 수 있으며, AI와 함께 작업을 반복할 수도 있습니다.

수행할 작업이 매우 간단하다면 단계적으로 자연어를 사용해 작업을 명시하는 것이 현실적입니다. 울프럼 언어는 단지 결과를 확인하고 실행하는 방법으로 자주 사용됩니다. 하지만 상황이 더욱 복잡해지면 울프럼 언어는 기본적으로 사람이 이해할 수 있으면서도 원하는 것을 정확하게 표현할 수 있는 유일한 '실행 가능한 언어'라는 점에서 그 진가를 발휘합니다.

『An Elementary Introduction to the Wolfram Language』(Wolfram Media, Inc., 2023)[8]를 집필하면서 이 장점이 더욱 분명해졌습니다. 책 초반에는

---

7   https://reference.wolfram.com/language
8   https://www.wolfram.com/language/elementary-introduction

제가 원하는 연습 문제를 영어로 쉽게 설명할 수 있었습니다. 하지만 문제가 복잡해지자 영어로 설명하기가 점점 더 어려워졌습니다. 울프럼 언어를 유창하게 사용하는 저로서는 원하는 것을 울프럼 언어로 표현할 수 있었지만 순수하게 영어로 설명하려고 하자 문장이 점점 더 복잡해졌고, 까다로운 법률 용어처럼 읽히는 복잡한 내용이 되었습니다.

울프럼 언어를 프롬프트로 사용할 수 있습니다. 챗GPT의 놀라운 기능 중 하나는 울프럼 언어 코드를 읽기 쉽게 다시 작성해준다는 것입니다. 항상 올바르게 변환되는 것은 아닙니다(아직까지는요). 하지만 사람이 울프럼 언어 코드를 작성하는 것과는 다른 절충안을 만들어내는 것을 보는 과정은 상당히 흥미롭습니다. 예를 들어 사람은 사물에 대한 좋은 이름을 생각해내기가 어렵기 때문에 일반적으로 함수를 중첩해 완전히 새로운 이름을 생성하지 않거나 혼란스럽지 않게 작명하는 경향이 있습니다. 하지만 언어와 의미에 능통한 챗GPT는 합리적인 이름을 쉽게 지어냅니다. 저 역시 예상하지 못했던 일이지만, 이러한 이름을 적극적으로 사용하면 울프럼 언어 코드를 이전보다 훨씬 더 쉽게 읽을 수 있습니다. 실제로 형식화된 자연어처럼 쉽게 이해할 수 있고, 의미도 정확하며, 계산 결과도 생성할 수 있습니다.

A.6 울프럼을 돕는 챗GPT

어떤 계산을 하고 싶은지 알고 있고 짧은 자연어로 설명한다면, 울프럼 알파는 직접 계산을 수행하고 가능한 한 쉽게 시각적으로 이해할 수 있는 결과를 제공합니다. 하지만 결과를 텍스트로 서술하고 싶다면 어떻게 해야 할까요? 안타깝게도 울프럼 알파는 이러한 작업을 수행하지 못합니다. 하지만 챗GPT는 가능하죠.

다음은 알타이르와 베텔게우스를 비교한 울프럼 알파의 결과입니다.

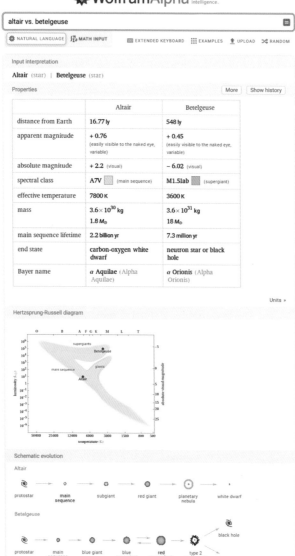

다음은 울프럼 알파를 활용해 에세이를 작성하라고 챗GPT에 지시한 결과입니다.

울프럼 데이터를 활용해 알타이르와 베텔게우스를 비교하는 에세이를 작성해 주세요.

Used **Wolfram** ∨

Used **Wolfram** ∨

알타이르와 베텔게우스는 두 별 중 하나를 보면서 밤하늘을 바라보는 것이 얼마나 다른지를 보여주는 두 가지 매우 다른 천체입니다. 이들은 각각 밝은 별과 빨간 초거대별로, 그들의 특성은 우리가 별에 대해 알고 있는 것을 확장하는 데 도움이 됩니다.

알타이르

알타이르는 우리에게 가까운 별 중 하나로, 지구에서 약 16.77광년 떨어져 있습니다. 이 별은 밝기가 변하는 델타 스쿠티형 변수성(Delta Scuti variable) 별로, 주로 수소로 이루어진 밝은 A형 주계열 별입니다. 알타이르의 표면 온도는 약 7,800K로, 태양보다 훨씬 더 뜨겁습니다. 이 별의 질량은 태양의 약 1.8배이며, 주계열 별로서의 수명은 약 22억 년입니다.

베텔게우스

반면에 베텔게우스는 지구에서 약 548광년 떨어져 있으며, 이는 알타이르보다 훨씬 더 멀리 떨어져 있다는 것을 의미합니다. 베텔게우스는 빨간 초거대별로, 그 크기와 밝기 때문에 밤하늘에서 가장 눈에 띄는 별 중 하나입니다. 이별의 표면 온도는 약 3,600K로, 알타이르보다 훨씬 낮습니다. 그러나 베텔게우스의 질량은 태양의 약 18배로 알타이르보다 훨씬 더 큽니다. 베텔게우스는 주계열 별로서의 수명이 730만 년에 불과하므로, 그 수명은 알타이르보다 훨씬 짧습니다.

결론

알타이르와 베텔게우스를 비교하면 별이 얼마나 다양할 수 있는지를 확인할 수 있습니다. 알타이르는 밝고 뜨거운 주계열 별이며, 베텔게우스는 거대하고 빨간 초거대별입니다. 이들은 각각 다른 수명과 질량, 온도를 갖습니다. 이런 차이는 별이 어떻게 형성되고 진화하는지에 대한 우리의 이해를 높이는 데 도움이 됩니다.

울프럼 알파의 또 다른 약점은 수학 용어에 관한 문제입니다. 명확하게 기술된 수학 문제가 주어지면 울프럼 알파는 매우 잘 풉니다. 하지만 모호하게 기술된 문제는 어떨까요? 챗GPT는 이러한 문제를 재조립해 명확한 수학 문제로 바꾸는 데 매우 능숙하며, 울프럼 플러그인으로 답을 구할 수 있습니다. 예를 들어보겠습니다.

한 소년이 자신과 동생의 나이를 묻는 질문에 이렇게 대답했습니다.

"3년 전에는 동생보다 7배, 2년 전에는 4배, 작년에는 3배, 올해는 2.5배 나이가 많습니다."

두 사람의 나이는 어떻게 되나요?

Used **Wolfram** ∧

REQUEST TO WOLFRAM

```
{
   "input": "Solve[{x - 3 == 7*(y - 3), x - 2 == 4*(y - 2), x -
1 == 3*(y - 1), x == 2.5*y}, {x, y}]"
}
```

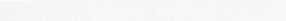

RESPONSE FROM WOLFRAM

```
"{{x -> 9.999999999999998, y -> 3.999999999999999}}"
```

두 사람의 나이는 다음과 같습니다.

- 소년의 나이는 10세입니다.
- 동생의 나이는 4세입니다.

다음은 조금 더 복잡한 경우입니다. 여기에서는 칠면조 수가 음수가 될 수 없다는 상식을 적절히 활용했습니다.

 한 남자가 칠면조 여러 마리를 60달러에 샀고, 그중 15마리를 남기고 나머지를 54달러에 팔아 한 마리당 10센트를 얻었습니다. 이 남자는 얼마나 많은 칠면조를 샀나요?

Used **Wolfram** ∧

REQUEST TO WOLFRAM

```
{
    "input": "Solve[{60 - 0.6*x == 54 - 0.54*(x - 15)}, x]"
}
```

RESPONSE FROM WOLFRAM

```
"{{x -> -35.00000000000006}}"
```

죄송합니다. 제가 방정식을 잘못 설정한 것 같습니다. 문제를 다시 살펴보겠습니다.

문제는 다음과 같이 이해할 수 있습니다.

1. 남자는 칠면조를 60달러에 샀습니다. 따라서, 그는 한 마리당 60/x달러를 지불했습니다. 여기서 x는 산 칠면조의 수입니다.

2. 그는 15마리를 제외하고 나머지를 54달러에 팔았습니다. 따라서 그는 한 마리당 54/(x−15)달러를 얻었습니다.

3. 그는 한 마리당 10센트를 얻었습니다. 이는 판매 가격에서 구매 가격을 뺀 것입니다. 즉, 54/(x−15) − 60/x = 0.10입니다.

이 방정식을 풀면 x, 즉 남자가 산 칠면조의 수를 찾을 수 있습니다. 이 방정식을 다시 풀어보겠습니다.

Used **Wolfram** ∧

REQUEST TO WOLFRAM

```
{
    "input": "Solve[{54/(x - 15) - 60/x == 0.10}, x]"
}
```

RESPONSE FROM WOLFRAM

```
"{{x -> -120.}, {x -> 75.}}\n\nErrors generated during
evaluation: \nSolve::ratnz : Solve was unable to solve the
system with inexact coefficients. The answer was obtained by
solving a corresponding exact system and numericizing the
result."
```

남자가 산 칠면조의 수는 75마리입니다.

음숫값은 실제 상황에서는 불가능하므로, 그는 75마리의 칠면조를 샀다고 결론지을 수 있습니다.

수학 용어 문제 외에도 챗GPT + 울프럼이 해결할 수 있는 또 다른 문제는 페르미 문제Fermi problem입니다. 세상에 대한 정량적 지식을 바탕으로 대략적인 크기를 추정하는 문제입니다. 다음 예를 살펴봅시다.

미국 인구 대비 전체 소의 무게를 추정하세요.

미국의 인구는 약 3.4억 명이고, 평균 소의 무게는 대략 147kg에서 1,363kg 사이입니다. 미국에는 약 9,380만 마리의 소가 있습니다.

우리는 소의 평균 무게를 계산하기 위해 소의 무게 범위의 중간값을 사용할 수 있습니다. 따라서 평균 소의 무게를 대략 755kg(즉, (147kg + 1,363kg) / 2)로 가정합니다.

따라서 미국의 소 전체의 무게는 대략 9,380만 마리 * 755kg = 약 7.08억 kg입니다.

이제 이 값을 미국 인구로 나누어 미국 인구 1인당 소의 무게를 계산할 수 있습니다. 이는 대략 7.08억 kg / 3.4억 명 = 약 2.08kg입니다.

따라서 미국 인구 대비 전체 소의 무게는 약 2.08kg입니다. 이는 각 미국인이 약 2.08kg의 소를 가지고 있다는 것을 의미합니다. 이는 추정치이며 실젯값은 다양한 요인에 따라 달라질 수 있습니다.

A.7 새로운 기술에 뛰어들기

챗GPT + 울프럼은 매우 새로운 기술, 즉 완전히 새로운 종류의 기술입니다. 새로운 종류의 기술이 등장할 때마다 그렇듯이 엄청난 새로운 기회가 열리고 있습니다. 이 중 일부는 이미 눈에 띄기 시작했지만 앞으로 몇 주, 몇 달, 몇 년에 걸쳐 더 많은 것들이 등장할 것입니다.

그렇다면 기술과 개념이 급격하게 성장하는 이 흥미로운 시기에 우리는 어떻게 참여할 수 있을까요? 첫 번째는 챗GPT + 울프럼을 살펴보는 것입니다. 챗GPT와 울프럼은 각각 방대한 시스템으로 구성되며, 이 둘의 조합을 완전히 이해하려면 몇 년이 걸릴 것입니다. 하지만 무엇이 가능한지 이해하는 것이 첫 번째 단계입니다.

다양한 사례를 찾아 공유하고, 성공적인 사용 패턴을 파악하세요. 무엇보다도 최고의 가치를 제공하는 워크플로를 찾아보세요. 이러한 워크플로는 상당히 정교할 수도 있고 매우 간단할 수도 있습니다. 무엇을 할 수 있는지 이해하고 나면 바로 '아!'하고 알아차릴 수 있을 것입니다.

워크플로를 가장 잘 구현하려면 어떻게 해야 할까요? 울프럼 리서치는 이를 위한 최적의 워크플로를 연구하고 있습니다. 울프럼 언어 내에서 순수하게 프로그래밍 방식으로 또는 노트북 인터페이스에서 챗GPT를 호출하는 유연한 방법을 준비하고 있습니다.

하지만 챗GPT 측면에서는 어떨까요? 울프럼 언어는 매우 개방적인 아키텍처를 가지고 있어 사용자가 원하는 거의 모든 것을 추가하거나 수정할 수 있습니다. 하지만 챗GPT에서 이를 어떻게 사용할 수 있을까요? 한 가지 방법은 문서와 함께 특정 울프럼 언어의 초기 코드를 포함하도록 챗GPT에 지시하는 것입니다. 그다음 자연어와 코드를 혼합해 초기 코드에서 정의한 함수나 기타 사항에 대해 챗GPT와 대화하는 것입니다.

우리는 점점 더 간소화된 도구를 구축해 챗GPT를 통해 울프럼 언어 코드를 처리하고 공유할 수 있도록 할 계획입니다. 지금으로서는 울프럼 함수 저장소[9]에 함수를 등록하고, 등록이 완료되면 챗GPT 대화에서 해당 함수를 참조하는 방식을 사용할 수 있습니다.

그렇다면 챗GPT 내에서는 어떨까요? 울프럼 플러그인과 가장 잘 상호작용하려면 어떤 프롬프트 엔지니어링을 수행해야 할까요? 글쎄요, 아직은 알 수 없습니다. 이는 AI 교육이나 AI 심리학 측면에서 탐구해야 할 부분입니다. 일반적인 접근 방식은 챗GPT 세션 초반에 몇 가지 사전 프롬프트pre-prompt를 제공한 다음, 나중에 여전히 주의를 기울이기를 바라는 것입니다. 물론 주의를 집중할 수 있는 길이가 제한되어 있으므로 때로는 반복해야 할 수도 있습니다.

울프럼 리서치는 챗GPT에 울프럼 플러그인을 사용하는 방법을 알려주는 전반적인 프롬프트를 제공합니다. 우리가 더 많은 것을 배우고 챗GPT LLM이 업데이트됨에 따라 이러한 프롬프트는 빠르게 발전될 겁니다. 이를테면 '울프럼을 사용할 때는 항상 그림을 포함해주세요', 'SI 단위를 사용하세요', '가능하면 복수수를 사용하지 마세요'와 같이 자신만의 사전 프롬프트를 추가할 수도 있습니다.

챗GPT에서 직접 함수를 정의하는 사전 프롬프트를 설정할 수도 있습니다. 예를 들면 '내가 숫자로 입력을 주면 울프럼을 사용해 그 수의 변을 가진 다각형을 그려줘'와 같은 식이죠. 또는 더 직접적으로 '숫자로 구성된 입력을 주면 다

---

9   https://resources.wolframcloud.com/FunctionRepository

음 울프럼 함수를 해당 입력에 적용해…'와 같이 쓰고 그다음을 명시적인 울프럼 언어 코드를 지정할 수 있습니다.

하지만 이것은 매우 초기 단계일 뿐입니다. 챗GPT + 울프럼을 프로그래밍하기 위한 다른 강력한 메커니즘이 발견될 것입니다. 필자는 미래가 흥미로운 성장의 시기가 될 것이라고 자신 있게 예상합니다. 이 분야에 뛰어든 사람들이 얻을 수 있는 가치 있는 열매가 많이 있다고 확신합니다.

A.8 배경과 전망

불과 일주일 전만 해도 챗GPT + 울프럼이 어떤 모습일지, 얼마나 잘 작동할지 확실하지 않았습니다. 하지만 지금 이렇게 빠른 발전을 가능하게 만든 건 수십 년에 걸친 개발 덕분이라고 생각합니다. 챗GPT + 울프럼은 오랫동안 서로 분리되어 양립할 수 없어 보였던 AI의 두 가지 주요한 접근 방식을 결합한 것이기도 합니다.

챗GPT는 기본적으로 웹과 책 등에 있는 텍스트의 통계적 패턴을 따르도록 훈련된 매우 큰 신경망입니다. 챗GPT에서 사용된 것과 놀랍도록 유사한 신경망의 개념의 시초는 1940년대까지 거슬러 올라갑니다. 하지만 1950년대에 열광적인 반응을 보이다가 관심이 시들해졌습니다. 그리고 1980년대 초에 다시 부활했습니다. 저도 이 시기에 처음으로 신경망에 관심을 가졌습니다. 하지만 관심은 지지부진하다가 2012년이 되어서야 사람들은 신경망의 가능성을 진지하게 생각하기 시작했습니다. 그리고 10년이 지난 지금, 챗GPT의 성공은 이 분야에 몸담고 있는 모든 사람들을 크게 놀라게 만들었습니다.

신경망에 있는 '통계적인' 전통과는 별개로, AI에 대한 '기호적인' 전통이 있습니다. 이러한 전통은 특히 20세기 초에 수학(그리고 수리 논리학)을 위해 개발된 형식화 프로세스의 연장선에서 생겨났습니다. 하지만 중요한 것은 추상적인 계산 개념뿐만 아니라 1950년대에 새롭게 등장한 실제 디지털 컴퓨터와도 잘 맞아떨어졌다는 점입니다.

'AI'라고 부를 수 있을 정도의 성공은 오랫동안 불규칙적이었습니다. 하지만 그 와중에도 계산의 일반적인 개념은 엄청난 성공을 거두며 성장하고 있었습니다. 그렇다면 계산은 사람이 사물에 대해 생각하는 방식과 어떤 관련이 있을까요? 저에게 있어 중요한 발전은 1980년대 초에 (수리 논리학의 초기 형식주의를 기반으로) 기호 표현을 위한 변환 규칙이 '인간 수준의 계산'을 표현하는 좋은 방법이 될 수 있다는 생각이었습니다.

당시 저는 주로 수학적, 기술적 계산에 집중했지만 곧 비슷한 아이디어가 범용적인 AI에도 적용될 수 있을지 궁금했습니다. 신경망 같은 것이 이런 역할을 할 수 있을 거라고 생각했지만, 당시에는 무엇이 필요한지, 어떻게 달성할 수 있는지 아주 조금만 알고 있었을 뿐이었죠. 한편, 기호 표현에 대한 변환 규칙의 핵심 아이디어는 현재 울프럼 언어의 기초가 되었으며, 수십 년의 개발을 거쳐 오늘날 본격적인 계산 언어를 가지게 되었습니다.

1960년대부터 AI 연구자들은 자연어를 이해하고, 지식을 표현하고, 이를 통해 질문에 답할 수 있는 시스템을 개발하기 위해 노력했습니다. 그중 일부는 덜 야심적이고 실용적인 애플리케이션으로 발전하기도 했습니다. 하지만 성공하기는 쉽지 않았습니다. 저는 1990년대에 수행한 기초 과학에 대한 철학적 결론을 바탕으로, 2005년경 자연어로 묻는 사실적, 계산적 질문에 폭넓게 답할 수 있는 '계산 지식 엔진'을 구축하기로 결심했습니다. 이러한 시스템을 구축할 수 있을지는 분명하지 않았지만, 계산 언어와 여러 작업을 통해 가능성을 예측했고, 2009년에 울프럼 알파를 출시했습니다.

울프럼 알파가 가능했던 이유는 세상의 사물을 표현하고 계산하는 명확하고 형식적인 방법을 가지고 있었기 때문입니다. 여기에서 '자연어를 이해하는 것'이란 추상적인 것이 아니라 자연어를 구조화된 계산 언어로 변환하는 구체적인 과정이었습니다.

울프럼 알파가 해야 했던 또 다른 과제는 세상에 대한 정보를 얻고 계산하는 데 필요한 모든 데이터, 방법, 모델, 알고리즘을 조립하는 것이었습니다. 울프럼 알파는 이 과정을 상당 부분 자동화했지만, 궁극적으로 제대로 된 결과를 얻으려면 실제 사람이 참여하는 것 외에는 선택의 여지가 없었습니다. 울프럼 알파의 자연어 이해 시스템에는 통계적 AI 부분이 약간 있지만, 대부분의 울프럼 알파와 울프럼 언어는 적어도 기호적 AI의 전통을 연상시키는 엄격하고 기호적인 방식으로 작동합니다.

> **NOTE** 울프럼 언어의 개별 함수가 머신러닝과 통계 기법을 사용하지 않는 것은 아닙니다. 최근에는 점점 더 많은 함수가 머신러닝을 사용하며, 울프럼 언어에도 머신러닝을 수행하기 위한 프레임워크가 내장되어 있습니다.

2장에서 언급했듯이 통계적 AI, 특히 신경망은 챗GPT에서 알게 된 것처럼 자연어와 그 기반이 되는 사고를 포함해 인간이 빠르게 수행하는 작업에 매우 적합하다는 것이 밝혀졌습니다. 하지만 기호적이고 어떤 측면에서는 더 엄격한 계산적인 접근 방식은 수학, 정밀 과학, 그리고 현재 모든 계산적 분야처럼 더 큰 개념적이고 계산적인 시스템을 구축할 때 필요합니다.

이제 챗GPT + 울프럼은 진정한 의미의 대규모 통계 + 기호 AI 시스템으로 생각할 수 있습니다. 지능적인 가상 비서 시리^{Siri}의 핵심 부분을 담당하는 울프럼 알파는 처음으로 광범위하게 자연어를 이해하게 되었고, 이러한 이해는 실제 계산 표현 및 계산과 직접적으로 연결되었습니다. 13년이 지난 지금, 챗GPT는 웹을 통해 학습된 순수한 통계적 신경망 기술이 놀랍도록 뛰어난 성능으로 사람이 쓴듯한 의미 있는 언어를 생성하는 것을 보여줬습니다. 그리고 이제 챗GPT + 울프럼은 챗GPT의 순수한 통계적 신경망에서부터 울프럼 알파의 자연어 이해와 울프럼 언어의 계산 언어 및 계산 지식에 이르기까지 전체 스택을 활용할 수 있습니다.

처음 울프럼 알파를 구축할 당시, 유용한 결과를 얻으려면 사용자와 대화하는 방법밖에 없을 거라 생각했습니다. 하지만 사용자에게 필요한 계산이나 시각적인 결과를 생성하려면 간단한 가정이나 파라미터 상호작용만 있어도 된다는 것을 발견했습니다.

> 📝 **NOTE** 울프럼 알파 노트북 에디션[10]에는 자연어로 계산을 단계별로 수행하는 좋은 사례가 있습니다.

2010년에 우리는 이미 자연어로부터 울프럼 알파 쿼리를 위한 울프럼 언어 코드뿐만 아니라 전체 프로그램을 생성하는 실험을 하고 있었습니다. 다만 그 당시에는 최신 LLM 기술이 없었기 때문에 더 이상 발전하지 못했습니다. 하지만 울프럼 언어의 기호 구조를 바탕으로 자연어에서 작은 코드 조각을 생성하는 것만으로도 매우 유용하다는 것을 발견했습니다. 예를 들어 저는 거의 매일 자

---

10 https://www.wolfram.com/wolfram-alpha-notebook-edition

연어에서 기호 요소나 수량을 추출하기 위해 울프럼 노트북에서 **ctrl=** 명령[11]을 사용합니다. 최신 LLM을 탑재한 버전이 어떨지 아직 확실하지는 않지만, 위에서 설명한 사람과 AI의 협업이 포함될 가능성이 높으며, 챗GPT + 울프럼에서 최초로 볼 수 있을 것입니다.

지금이 바로 역사적인 순간입니다. 반세기가 훨씬 넘도록 우리가 AI로 불렀던 통계적 접근 방식과 기호적 접근 방식은 거의 개별적으로 발전해왔습니다. 하지만 이제 챗GPT + 울프럼에서는 두 접근 방식이 하나로 통합되었습니다. 아직 시작에 불과하지만, 챗GPT의 등장과 챗GPT + 울프럼에서 울프럼 알파 및 울프럼 언어와의 결합을 통해 '새로운 AI 계산 패러다임'의 엄청난 능력을 기대할 수 있을 것입니다.

---

11 옮긴이_ ctrl=은 울프럼 노트북에서 자연어 입력을 위해 사용하는 명령입니다.

INDEX ─────────────────────────────────────

INDEX